现代职业人教育规划教材

DAXUESHENG ZHIYE FAZHAN YU JIUYE ZHIDAO
· JIUYE ZHIDAO PIAN

大学生职业发展与就业指导
· 就业指导篇

主 编 丁 锴 吴成炎 王钰岚
副主编 顾英佳 葛晓娇 刘益青 汪园超

苏州大学出版社
Soochow University Press

图书在版编目(CIP)数据

大学生职业发展与就业指导. 就业指导篇/丁锴,吴成炎,王钰岚主编. —苏州:苏州大学出版社,2022.8(2023.7重印)
现代职业人教育规划教材
ISBN 978-7-5672-4006-3

Ⅰ.①大… Ⅱ.①丁… ②吴… ③王… Ⅲ.①大学生-职业选择-高等职业教育-教材 Ⅳ.①G647.38

中国版本图书馆 CIP 数据核字(2022)第 116910 号

书　　名:大学生职业发展与就业指导·就业指导篇

主　　编:丁　锴　吴成炎　王钰岚
责任编辑:赵晓嬿
封面设计:吴　钰

出版发行:苏州大学出版社(Soochow University Press)
地　　址:苏州市十梓街 1 号　**邮编**:215006
印　　装:苏州市深广印刷有限公司
网　　址:http://www.sudapress.com
邮　　箱:sdcbs@suda.edu.cn
邮购热线:0512-67480030
销售热线:0512-67481020

开　　本:787 mm×1 092 mm　1/16　**印张**:10.75　**字数**:225 千
版　　次:2022 年 8 月第 1 版
印　　次:2023 年 7 月第 2 次印刷
书　　号:ISBN 978-7-5672-4006-3
定　　价:32.00 元

Preface 前言

2022年，我国高校毕业生1 076万人，创历史新高。大学生就业是民生大事，习近平总书记十分关心高校毕业生就业，6月8日，习近平总书记到基层考察调研，了解学校开展就业创业指导服务工作。习近平总书记强调，要进一步挖掘岗位资源，做实做细就业指导服务。习近平总书记对同学们说，幸福生活是靠劳动创造的，大家要保持平实之心，客观看待个人条件和社会需求，从实际出发选择职业和工作岗位，热爱劳动，脚踏实地，在实践中一步步成长起来。

近年来，教育部高度重视大学生职业成长公共服务体系建设，深入推进大学生职业生涯规划教育，“职业发展与就业指导”课程建设在高校人才培养工作和毕业生就业工作中的重要作用越来越凸显。教育部要求高校开设“职业发展与就业指导”课程，并作为公共课纳入教学计划，贯穿学生从入学到毕业的整个培养过程。经过多年建设，全国高校已普遍开设了“职业发展与就业指导”课，并针对不同年级开展学生职业发展和就业指导活动。

高职教育作为高等教育的一种类型，承担着为经济社会发展提供高素质技术技能人才的重要使命，因此，加强高职生“职业发展与就业指导”课的教材建设十分重要。苏州健雄职业技术学院多年来高度重视学生职业发展与就业指导，促进了毕业生就业质量稳步提高。为总结经验，更好地推动高职生职业发展和就业，学院组织相关专业教师编写了本套系列教材。本套教材分为认识职场篇、就业指导篇、创新创业篇、素质训练篇四个篇章，全套书教学内容力求实践性、科学性、系统性相统一，态度层面、知识层面、技能层面面面俱到，在强调职业在人生发展中的重要地位的同时，又关注学生的全面发展和终身发展；激发大学生职业生涯发展的自主意识，促使其树立正确的就业观，理性地规划自身未来的发展，并努力在学习过程中自觉地提高就业能力和生涯管理能力，实现更加充分更高质量的就业。

“职业发展与就业指导”课程涉及现代职业人相关概念、职业生涯规划、职业目标与锚定、就业法规与维权、职场适应与发展、职场心态与调适、创新意识与思维、创新能力与方法、创业项目与选择、商业模式与竞争等诸方面。该课程有助于学生确立正确的成长目标，规划成长过程，了解现代企业，认同企业文化，缩短适应时间，增强职场竞争力。课程亮点在于将知识教育同价值观教育结合，将线下课程与线上课程结合，使该课程与思政理论类课程同向同行，与现代信息技术齐头并进，形成协同效应，引导学生知行合一，构建起全课程育人新格局。2022 年 7 月，教育部学生服务与素质发展中心下发通知，该课程获评 2022 年全国高校就业创业金课。

在编写过程中，我们吸收了大量最新研究成果，全套书观点新颖、案例翔实、文笔活泼，具有较强的可读性。需要指出的是，本教材的目标读者不局限于高职学生，它适用于所有将要走进职场、走上工作岗位的“现代职业人”。

本书的出版得到了苏州大学出版社的大力支持，在此表示衷心的感谢！鉴于编者水平有限，书中难免有疏漏和不妥之处，敬请不吝指正。

编　者

2022 年 7 月 7 日

Contents 目录

第一章 认清就业形势 / 1

第一节 大学生的就业形势 / 4

第二节 高职生的就业现状 / 11

第三节 树立正确的就业观 / 16

第二章 锚定职业目标 / 21

第一节 职业世界认知 / 24

第二节 选择专业还是职业 / 27

第三节 大学生的职业目标 / 30

第三章 求职前期准备 / 35

第一节 获取就业信息 / 38

第二节 准备求职材料 / 43

第三节 求职心理调适 / 50

第四章 掌握应聘技巧 / 55

第一节 笔试技巧与方法 / 58

第二节 面试技巧与方法 / 61

第三节 面试实战训练 / 69

第五章　了解就业法规　/ 91

第一节　就业权益概述　/ 94
第二节　就业协议与劳动合同　/ 100
第三节　就业陷阱识别与维权　/ 106
第四节　违约责任与劳动争议　/ 109

第六章　端正职业态度　/ 115

第一节　职业态度认知　/ 118
第二节　职业态度养成　/ 123
第三节　关键能力素质　/ 125

第七章　学会压力管理　/ 131

第一节　感知压力　/ 134
第二节　正视压力　/ 135
第三节　管理压力　/ 139
第四节　缓解压力的要诀　/ 143

第八章　学会团队合作　/ 147

第一节　团队的定义　/ 150
第二节　团队的组建　/ 152
第三节　团队合作的要求　/ 157
第四节　项目管理中的团队建设　/ 161

第一章 认清就业形势

学习目标

通过本章的学习和训练，你将能够：

- 正确认识当前高校毕业生的就业形势。
- 把握高职毕业生的就业特点及就业中存在的问题。
- 培养和树立正确的就业观。

案例导入

小明的迷茫与压力

小明是某高职院校大三的学生。他来自偏远农村，家境困难，是靠政府资助念完大学的。三年来，他学习刻苦，积极参加各类活动，是名品学兼优的学生。临近毕业，大家发现原本积极向上、自信的他突然像变了个人似的，经常沉默不语，学习也没有以前用功了。班主任李老师找到小明，经过老师耐心询问，他才袒露心声：“马上就快毕业了，直接面对的就是就业问题，我从网络上看到现在就业形势非常严峻，我非常担心找不到工作。虽然老师一再说高职毕业生就业形势良好，但我知道很多本科毕业生都找不到工作，我表姐本科毕业后已经在家待业两年了。高职毕业生就业就更难了，老师所说的只是安慰我们罢了。我爸爸身体不好，如果我再找不到工作，对家里、对自己都没法交代。眼看再过几个月就要毕业了，我的恐惧感越来越强烈……早知如此，我高中毕业就该打工去……”

案例讨论

1. 小明的迷茫与压力主要来自哪里？你有过像小明那样的感受吗？
2. 你认为，高职毕业生的就业形势相较于本科毕业生的就业形势有哪些不同？

第一节　大学生的就业形势

【任务】　了解当前高校毕业生的就业环境和就业政策。
【目的】　培养发现问题、解决问题的能力。
【要求】　能够正确认识当前的大学生就业形势。

故事案例

好工作要趁早下手

小金是某高校土木工程专业的本科生。该专业通常的毕业去向是建筑类公司和企业，但因为工作性质是一线工地作业，即员工要经常跟着建筑项目全国各地出差，所以相关公司和企业很少招聘女生。面对严峻的就业形势，小金很早就告诉自己："机会总是留给有充分准备的人的。"所以，小金就在大三上学期的"大学生就业与创业指导"课上，跟着老师的步骤一遍又一遍地修改自己的简历。不只如此，她还毛遂自荐，到有意向的公司投递了简历，最终凭借自己出众的能力，在大三下学期就早早地被心仪的公司录用，成为该公司当年度签约录用的唯一一名女大学生。

一、大学生的就业环境

（一）经济发展压力增大

当前，以国内大循环为主体、国内国际双循环相互促进的格局已逐步形成，但受持续反复的新冠肺炎疫情和复杂多变的国际环境等因素的影响，我国经济发展面临需求收缩、供给冲击、预期转弱三重压力，主要表现为：出口增长强劲势头难以持续，消费增长乏力，投资持续下行，保持经济持续健康发展压力不小；关键领域"卡脖子"问题突出，科技创新能力亟待提高；中小微企业经营压力加大，保持市场主体整体活力面临挑战；农村发展仍是突出短板，全面推进乡村振兴任重道远。这些压力都会对毕业生就业产生影响。

（二）毕业生规模持续增加

我国高校自1999年实施扩招以来，毕业生数量逐年增长。根据教育部公布的数据显示，2020 年普通高校毕业生人数共计 874 万人，2021 年达到 909 万人，2022 年达到 1 076 万人，同比增加 167 万人，规模和增量均创历史新高（图 1-1）。

图 1-1　2010—2022 年普通高校毕业生人数

（数据来源：中国教育在线）

（三）疫情影响企业对人才的需要

《经济蓝皮书：2021 年中国经济形势分析与预测》指出：目前中国的新冠肺炎疫情防控已取得阶段性成效。但从全球范围来看，疫情形势并没有得到缓解，疫情的发展形势仍存在较大的不确定性。受疫情影响，许多行业的用人需要大幅减少，企业招聘人员数量减少、招聘门槛提高、就业竞争加剧、工资期望下降等现象已现端倪。加之受国际疫情影响，近两年返回国内就业的海外留学生不断增加，增加了国内高校毕业生的就业压力。

（四）就业结构性矛盾尚未得到根本缓解

近年来，我国产业结构调整加快，而相应的教育培养结构滞后于经济社会需求的实际变化，高校学科专业结构设置与市场需求仍然存在“脱节”现象，部分专业的毕业生供过于求和紧缺专业人才短缺的结构性矛盾突出。高校毕业生过多地选择城市就业或到东部发达地区就业，造成毕业生就业空间结构不合理。

二、大学生的就业政策

2022 年 4 月，教育部高校学生司、教育部学生服务与素质发展中心发布《普通高校毕业生基层就业政策公告》《普通高校毕业生就业服务公告》《普通高校学生应征入伍政策公告》《普通高校学生自主创业政策公告》等一系列政策公告，以帮助更多高校毕业生知晓各项就业政策，促进高校毕业生更加充分、更高质量地就业。

（一）普通高校毕业生基层就业政策

基层是最需要人才的地方，就业空间广阔，国家出台了一系列优惠政策，鼓励高校毕业生到基层就业。

1. 鼓励毕业生到基层就业主要优惠政策

（1）对高校毕业生到中西部地区和艰苦边远地区基层单位就业、履行一定服务期限的，按规定给予学费补偿和国家助学贷款代偿。

（2）结合政府购买服务工作的推进，在基层特别是街道（乡镇）、社区（村）购买一批公共管理和社会服务岗位，优先用于吸纳高校毕业生就业。

（3）艰苦边远地区基层机关招录高校毕业生可适当放宽学历、专业等条件，降低开考比例，可设置一定数量的职位面向具有本市、县户籍或在本市、县长期生活的高校毕业生。

（4）艰苦边远地区县乡事业单位公开招聘高校毕业生可适当放宽年龄、学历、专业等条件，可以拿出一定数量岗位面向本县、本市或者周边县市户籍人员（或者生源）招聘；乡镇事业单位招聘本科以上高校毕业生、县级事业单位招聘硕士以上高校毕业生，以及招聘行业、岗位、脱贫攻坚急需紧缺专业高校毕业生，可以结合实际情况，采取面试、直接考察的方式公开招聘；可以根据应聘人员报名、专业分布等情况适当降低开考比例，或不设开考比例，划定成绩合格线。

2. 学费补偿和助学贷款代偿政策

（1）对到中西部地区和艰苦边远地区基层单位就业的中央部门所属高校应届毕业生实行学费补偿或国家助学贷款代偿，本专科生每人每年最高不超过 12 000 元，研究生每人每年最高不超过 16 000 元。本科、高职（专科）、研究生和第二学士学位毕业生补偿学费或代偿国家助学贷款的年限，分别按照国家规定的相应学制计算。每年补偿学费或代偿国家助学贷款总额的三分之一，三年代偿完毕。

（2）各省（自治区、直辖市）制定吸引和鼓励本地所属高校毕业生面向艰苦边远地区基层单位就业的学费补偿和国家助学贷款代偿办法。

3. 基层就业户口档案政策

落实省会及以下城市放开对高校毕业生落户限制的规定，高校毕业生在基层就业可根据需要自愿迁移户口。人事档案按规定转至就业地县级人力资源社会保障部门所属公共就业和人才服务机构，或有关单位的组织人事部门。

4. 中央基层就业项目简介

近年来，中央有关部门组织实施的引导高校毕业生基层就业项目，主要包括："大学生志愿服务西部计划"、"三支一扶"计划、"农村义务教育阶段学校教师特设岗位计划"。

5. 中央基层就业项目优惠政策

（1）公务员招录优惠：每年拿出公务员考录计划的一定比例，专门用于定向招录服务期满考核称职（合格）的服务基层项目人员。服务基层项目人员也可报考其他职位。

（2）事业单位招聘优惠：各省（区、市）县乡基层事业单位公开招聘时，应根据本地区实际拿出一定数量或比例的岗位，对“三支一扶”等服务期满考核合格的人员进行专项招聘，并增加工作实绩在考察中的权重，聘用后可以不再约定试用期；省市事业单位公开招聘时，对“三支一扶”等服务期满且考核合格的人员同等条件下优先聘用。

（3）考学升学优惠：服务期满后三年内报考硕士研究生初试总分加 10 分，同等条件下优先录取；高职（专科）学生可免试入读成人本科。

（4）国家补偿学费和代偿助学贷款政策：参加中央基层就业项目的毕业生，符合规定条件的，可享受相应的学费补偿和助学贷款代偿政策。

（5）服务期满自主创业的，可享受税收优惠、行政事业性收费减免、创业担保贷款和贴息等有关政策。

（6）参加基层服务项目前无工作经历的人员，服务期满且考核合格后两年内，在参加机关事业单位考录（招聘）、各类企业吸纳就业、自主创业、落户、升学等方面可同等享受应届高校毕业生的相关政策。

（7）各基层就业项目服务年限计算工龄。服务期满到企业就业的，按照规定转接社会保险关系。

（二）普通高校毕业生就业服务政策

1. 岗位信息服务

（1）教育部会同社会招聘服务机构推出“24365 校园招聘服务”，举办各类区域性、行业性、联盟性专场招聘会。高校毕业生可用学信账号登录“国家 24365 大学生就业服务平台”（https://www.ncss.cn/）或微信搜索关注“国家 24365 大学生就业服务平台”（ncssfwh）公众号并绑定学信账号，获取求职意向登记、岗位一键搜索、职位精准推荐、在线求职应聘等一站式服务。

（2）各地各高校不定期举办各类线上、线下招聘活动，高校毕业生可以通过各地各高校就业指导部门及其网站，获取信息服务。

2. 就业指导服务

（1）教育部推出“互联网 + 就业指导”公益直播课，通过新华网、央视频、学习强国、中国教育电视台等平台，围绕就业形势与政策、职业生涯教育、求职择业指导、行业发展趋势等主题，帮助毕业生答疑解惑。毕业生可通过“24365 就业资讯”（ncss-web）公众号获取课程直播信息，通过“国家 24365 大学生就业服务平台”学职平台版块回看课程。

（2）组织开展“宏志助航计划”，教育部推出全国高校毕业生就业能力培训网络平台，提供就业指导和职业技能类网络课程，帮助大学生拓展职业视野、了解行业发展和岗位要求、提高职业技能和就业竞争力，学生可通过“国家 24365 大学生就业服务平台”宏志助航版块进入。符合条件的在校生还可在高校报名参加线下培训。

（3）各地各高校开展线上、线下就业指导活动，提升毕业生求职就业能力。毕业生可以在各地各高校的就业指导部门获取指导服务，也可通过“国家24365大学生就业服务平台”公众号访问“我的辅导员”与辅导员关联，获取辅导员帮助指导。

3. 签约及去向登记服务

（1）教育部推出“全国高校毕业生毕业去向登记与网上签约平台”（以下简称“网签平台”），毕业生和用人单位可根据高校的要求，选择在线签约和去向登记。平台可通过“国家24365大学生就业服务平台”网上签约/去向登记版块进入。

（2）毕业生可使用平台完成线上签约/解约、线下签约/解约、登记就业协议信息等，具体操作方式可咨询本校就业部门。

（3）签订就业协议的毕业生在网签平台上传就业协议，经学校（院系）审核通过后，完成去向登记。其他去向的毕业生通过平台选择毕业去向类型，按照具体要求填写相关去向信息，上传证明材料，经学校（院系）审核通过后，完成去向登记。

4. 查询反馈服务

教育部提供毕业生就业去向查询反馈服务。每年6月—9月，应届毕业生可以登录学信网在“学信档案”中查看本人毕业去向，并可在线反馈信息是否准确。如信息不准确，可备注说明具体情况，由毕业生所在高校根据反馈情况及时更新。

教育部推出的各就业服务平台二维码如图1-2所示。

国家24365大学生就业服务平台

24365就业资讯

全国高校毕业生毕业去向登记与网上签约平台

图1-2　教育部推出的各就业服务平台二维码

（三）普通高校学生应征入伍政策

1. 优先征集政策

（1）大学生入伍优先报名应征、优先体检政考、优先审批定兵、优先安排使用，大学生参加体检开辟绿色通道。高校新生应当在户籍所在地参加应征；高校应届毕业生和在校生可在学校所在地参加应征，也可在入学前户籍所在地参加应征。

（2）报名网址：全国征兵网 https://www.gfbzb.gov.cn/。

（3）报名时间：

上半年 男兵：上年12月1日至当年2月10日。

女兵：当年1月1日至当年2月10日。

下半年 男兵：上年12月1日至当年8月10日。

女兵：当年7月1日至当年8月10日。

2. 学费资助及优待政策

（1）学费补偿、国家助学贷款代偿、学费减免，本专科生每人每年最高不超过12 000元，研究生每人每年最高不超过16 000元。

（2）入伍大学生按规定享受优待政策，义务兵家庭优待金由批准入伍地发放，其家庭享受军属待遇。

3. 升学优惠政策

（1）设立“退役大学生士兵”专项硕士研究生招生计划，每年专门面向退役大学生士兵招生约8 000人，并向“双一流”建设高校倾斜。

（2）在部队荣立二等功及以上，免试（指初试）攻读硕士研究生。

（3）在完成本科学业后三年内参加全国硕士研究生招生考试，初试总分加10分，同等条件下优先录取。

（4）高职（专科）学生应征入伍，退役后在完成高职（专科）学业的前提下，可免试入读普通本科，或根据意愿入读成人本科，自2022年专升本招生起执行。

4. 复学政策

（1）高校学生（含高校新生）服役期间按国家有关规定保留学籍或入学资格，退役后2年内允许复学或入学。

（2）经学校同意，大学生士兵退役后复学可转入本校其他专业学习。

（3）退役复学后免修军事技能等课程，可直接获得学分。

5. 在部队选拔培养政策

（1）符合条件的取得全日制本科学历和学士学位的毕业生（含毕业学年入伍，服役期间取得的），入伍一年半以上，可选拔为提干对象。

（2）参加全军统一考试，录取到有关军队院校学习。

（3）优先选取士官。

（4）参加保送入学对象选拔，同等条件下优先推荐。

6. 退役后技能培训政策

面向自主就业退役士兵开展职业技能培训，实施学历证书+若干职业技能等级证书制度和学分银行制度，建立学习成果认定、积累和转换机制，按规定享受培训资助。

7. 退役后就业服务政策

（1）退役后一年内，凭用人单位录（聘）用手续，可办理就业报到手续，户档随迁。

（2）退役高校毕业生士兵可参加户籍所在地省级毕业生就业指导机构、原毕业高校就业招聘会，享受就业信息、重点推荐、就业指导等就业服务。

（3）乡镇补充干部、基层专职武装干部配备时，注重从退役大学生士兵中招录；在军队服役五年（含）以上的高校毕业生士兵可以报考面向服役基层项目人员定向考录的职位。

（4）教育部在“24365 校园招聘服务”活动中开辟退役大学生士兵岗位专区，畅通求职就业渠道。

（四）普通高校学生自主创业政策

1. 税收优惠政策

（1）持人社部门核发《就业创业证》的高校毕业生在毕业年度内创办个体工商户的，可按规定在三年内以每户每年 12 000 元为限额（最高可上浮 20%，具体由各省、自治区、直辖市人民政府根据本地区实际情况确定）依次扣减其当年实际应缴纳的增值税、城市维护建设税、教育费附加、地方教育附加和个人所得税。

（2）对高校毕业生创办小微企业的，可按规定享受小微企业普惠性税费政策；创办个体工商户的，对其年应纳税所得额不超过 100 万元的部分，在现行优惠政策基础上减半征收个人所得税。

2. 担保贷款和贴息政策

（1）创业担保贷款和贴息支持：可在创业地申请创业担保贷款，最高贷款额度为 20 万，对符合条件的个人合伙创业的，可根据合伙创业人数适当提高贷款额度，最高不超过总额的 10%。对 10 万元及以下贷款、获得设区的市级以上荣誉的高校毕业生创业者免除反担保要求；对高校毕业生设立的符合条件的小微企业，最高贷款额度提高至 300 万元，财政按规定给予贴息。

（2）创业担保贷款申请程序：申请创业担保贷款贴息支持的个人和小微企业应向当地人力资源社会保障部门申请资格审核，通过资格审核的个人和小微企业，向当地创业担保贷款担保基金运营管理机构和经办银行提交担保和贷款申请，符合相关担保和贷款条件的，与经办银行签订创业担保贷款合同。

3. 资金扶持政策

（1）免收有关行政事业性收费：毕业两年以内的普通高校毕业生从事个体经营的，三年内免收管理类、登记类和证照类等有关行政事业性收费。

（2）求职创业补贴：对在毕业学年有就业创业意愿并积极求职创业的低保家庭、贫困残疾人家庭、原建档立卡贫困家庭和特困人员中的高校毕业生，残疾及获得国家助学贷款的高校毕业生，给予一次性求职创业补贴。

（3）一次性创业补贴：对首次创办小微企业或从事个体经营，且所创办企业或个体工商户自工商登记注册之日起正常运营一年以上的离校两年内高校毕业生，试点给予一次性创业补贴。

（4）享受培训补贴：对大学生在毕业年度内参加创业培训的，按规定给予培训补贴。

4. **工商登记政策**

简化注册登记手续：创办企业，只需填写“一张表格”，向“一个窗口”提交“一套材料”，登记部门直接核发加载统一社会信用代码的营业执照，“多证合一”。

5. **户籍政策**

取消落户限制：高校毕业生可在创业地办理落户手续（直辖市按有关规定执行）。

6. **创业服务政策**

（1）免费创业服务：可免费获得公共就业和人才服务机构提供的创业指导服务。

（2）技术创新服务：各地区、各高校和科研院所的实验室以及科研仪器、设施等科技创新资源可以面向大学生开放共享，提供低价、优质的专业服务。

（3）创业场地服务：鼓励各类孵化器面向大学生创新创业团队开放一定比例的免费孵化空间。政府投资开发的孵化器等创业载体应安排30%左右的场地，免费提供给高校毕业生。有条件的地方可对高校毕业生到孵化器创业给予租金补贴。

（4）创业保障政策：加大对创业失败大学生的扶持力度，按规定提供就业服务、就业援助和社会救助。毕业后创业的大学生可按规定缴纳“五险一金”。

7. **学籍管理政策**

（1）折算学分：各高校要设置合理的创新创业学分，建立创新创业学分积累与转换制度，探索将学生开展自主创业等情况折算成学分。

（2）弹性学制：学校可以根据情况建立并实行灵活的学习制度，可放宽学生修业年限，保留学籍休学创新创业。

训练活动

以你想要就业的某地区、某单位为例，了解、分析国家和地方就业政策，并说明这些政策在就业过程中所起的作用。

第二节　高职生的就业现状

【任务】　了解高职毕业生的就业特点和就业中存在的问题。

【目的】　提升高职毕业生就业的针对性和目的性。

【要求】　能够明晰高职毕业生的就业优势和劣势。

故事案例

高职生求职“牛”过本科生

在就业形势严峻的今天，一个人没有高学历想在浩浩荡荡的就业大军中争得一个理想的职位并不容易。而某高职院校机电一体化专业三年级学生小彭，还没毕业就被当地某德资企业“抢”去上班了。她所在的机电一体化专业已有九成以上的学生落实了就业单位，与一些找工作四处碰壁的本科应届毕业生相比，这群高职生够“牛”。

近年来，高职毕业生持续保持较高的就业率，这反映了我国经济社会发展对高等职业教育培养的人才的强劲需求。一方面，产业结构的调整，产生了对专业人才的新的类别需求、层次需求和数量需求，像数控技术应用、汽车维修、计算机应用与软件技术、护理等不少行业都出现了人才紧缺的情况；另一方面，在劳动力市场上用工单位需要的大量技术工人短缺，出现了“技工荒”。高职毕业生之所以深受用人单位的欢迎，主要是因为其可塑性大，敬业精神较强，能把所学专业知识随时应用于实践，对于工资待遇的要求也比较现实。

2022 年 4 月 20 日，第十三届全国人民代表大会常务委员会第三十四次会议表决通过新修订的《中华人民共和国职业教育法》（以下简称《职业教育法》），其在 2022 年 5 月 1 日正式实施。这是《职业教育法》制定近 26 年来的第一次重大修改。

此次修改明确了职业教育是与普通教育具有同等重要地位的教育类型（图 1-3），国家将着力提升职业教育认可度，深化产教融合、校企合作，完善职业教育保障制度和措施，更好地推动职业教育高质量发展。

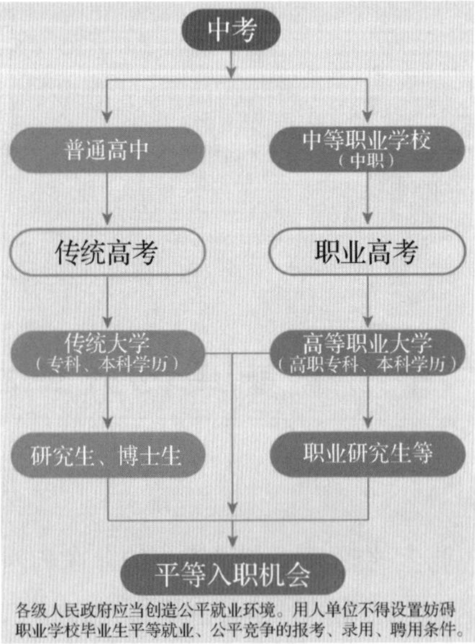

图 1-3　基于新职业教育法的普通教育与职业教育分流概念图

国家对于职业教育越来越重视，这意味着未来必定会有更多的就业政策往这些方面倾斜。未来，选择职业教育的同学将会有更多的就业选择。

一、高职生就业的特点

随着经济社会的不断发展，我国的产业升级和经济结构调整不断加快，技术技能型人才的需求量大大提高，职业教育和普通教育在我国具有同样重要的地位。2019 年高职院校对社会考生等三类人员扩招 100 万的政策出台，高职院校在数量上已经占据了高等教育的半壁江山，这些都使得高职院校毕业生的就业质量问题成为社会、家庭、学校关注的热点问题。总体来说，高职毕业生就业呈现如下特点。

（一）就业率稳中有升，首超本科毕业生

据《2020 年中国大学生就业报告》显示，2020 届中国大学生毕业半年后的就业率为 91.9%，其中，本科毕业生毕业半年后的就业率为 91.6%，高职毕业生毕业半年后的就业率为 92.1%，高职毕业生就业率首次超过本科毕业生。

（二）毕业生薪资持续上涨

据《就业蓝皮书：2021 年中国高职生就业报告》显示，从近 5 年的数据来看，2016—2019 届高职毕业生毕业半年后的月收入持续上升，2020 届高职毕业生毕业半年后的月收入（4 253 元）在疫情的影响下仍基本保持稳定（图 1-4）。

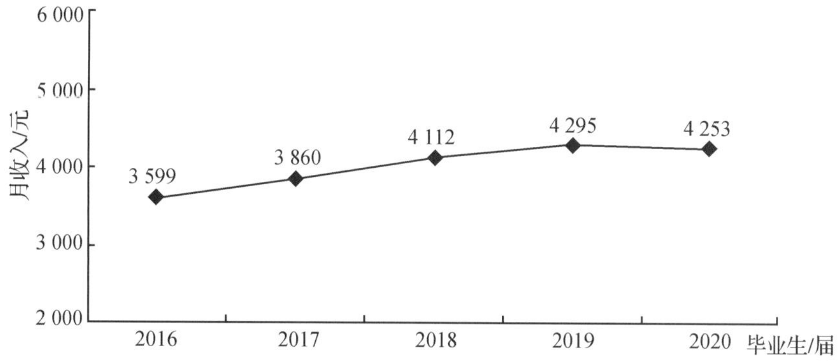

图 1-4　2016—2020 届各类高职院校毕业生毕业半年后的月收入变化趋势

（数据来源：麦可思《中国 2016—2020 届大学毕业生培养质量跟踪评价》）

（三）毕业生就业满意度上升明显

从近 5 年的数据来看，高职毕业生的就业满意度呈上升趋势，在 2020 届达到 69%（图 1-5）。2020 年在疫情的影响下，国家发布多项政策扩大就业岗位供给，同时各高校大力优化就业帮扶工作，帮助毕业生顺利就业。高质量的就业服务也促进了毕业生就业满意度的提升。

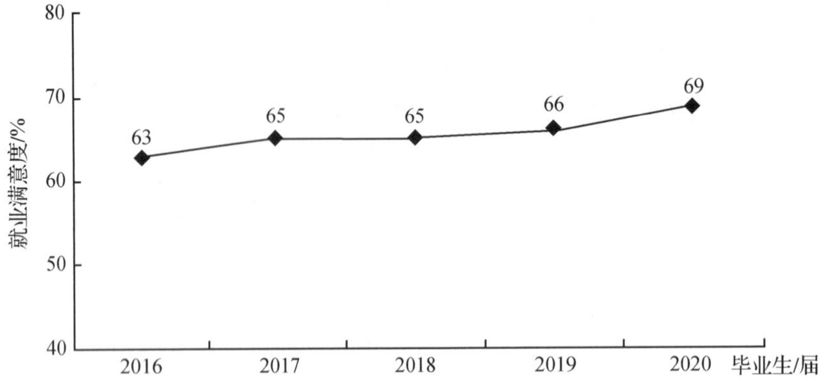

图 1-5　2016—2020 届高职毕业生毕业半年后的就业满意度变化趋势

（数据来源：麦可思《中国 2016—2020 届大学毕业生培养质量跟踪评价》）

（四）毕业生工作与专业相关度保持稳定

工作与专业相关度反映了专业人才培养与产业发展需求的匹配程度，从近 5 年的数据来看，高职毕业生从事本专业相关工作的比例在 2016—2018 届均稳定在 62%，2019 届上升 1 个百分点，达到 63%，2020 届保持平稳（图 1-6）。

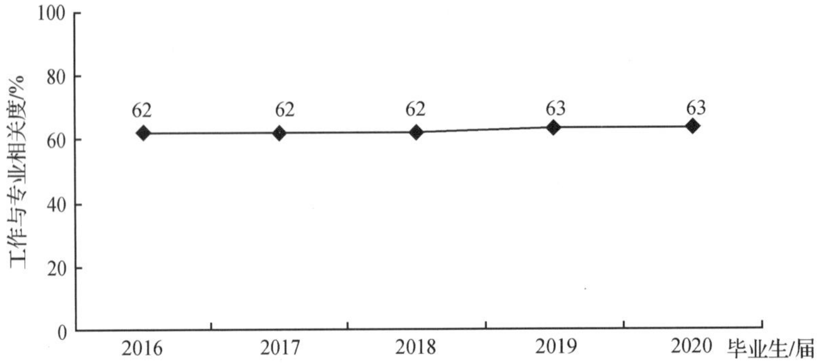

图 1-6　2016—2020 届高职毕业生的工作与专业相关度变化趋势

（数据来源：麦可思《中国 2016—2020 届大学毕业生培养质量跟踪评价》）

自 2020 年以来，在新冠肺炎疫情的影响下，应届高职毕业生毕业去向落实面临严峻挑战。但与此同时，专升本的扩招增加了高职毕业生的升学机会；国企等政策性岗位的增加，扩大了对毕业生的吸纳，农业、制造业等刚需产业充当了毕业生就业的“稳定器”，制造业中的数字化岗位成为需求增长亮点，网上零售等新业态、新模式也为毕业生提供了更多选择；服务性产业受冲击较大，毕业生就业数量减少；乡村振兴战略下涉农专业毕业生从农比例提高，但长期从农意愿仍需提升。

二、高职生就业存在的问题

（一）就业地域受限

高职院校的专业设置主要与周边地区就业单位所提供的岗位相对应，因此其地域性较强。毕业生在就业时，主要集中在学校周边地区；部分学生会因单位离家太远而选择回当地就业，导致专业不对口，就业质量差。

（二）离职率较高

高职毕业生的就业单位绝大多数是中小型民营企业。这类企业的规模普遍较小，行业竞争力较差，使得毕业生的薪酬待遇水平低，发展前景不好。因此，部分学生虽然与就业单位签约，但其较之期待相差甚远，学生会产生焦虑不安的情绪，导致毕业生的离职率较高。

（三）毕业生专业知识能力不强

高职院校的录取分数线较低，入校学习的学生普遍基础较差，没有形成良好的学习习惯，多数同学不能够积极主动地学习，到毕业时掌握的专业知识不足，实践动手能力较弱，面对就业单位招聘时自信心不足，难以找到一份称心的工作。部分同学也会由于工作能力不足，就业后感到压力较大。

（四）毕业生就业意识薄弱

毕业季来临，大多数毕业生不能积极主动地联系就业单位，而是等待就业单位来校招聘，部分学生甚至需要辅导员多次催促才不情不愿地参加招聘会。部分毕业生没有自己的就业想法，跟随大多数同学的就业选择，造成就业扎堆，影响毕业生的发展前景。被动就业势必会使得就业困难，同时部分高职毕业生在就业选择方面，对自身就业方向定位不够准确，就业期望值过高，也会降低就业成功率。

训练活动

分组讨论，高职毕业生与本科毕业生相比，有哪些就业优势和劣势。

第三节　树立正确的就业观

【任务】　了解当前大学生中常见的几种就业观。
【目的】　帮助大学生树立正确的就业观。
【要求】　能够自觉树立正确的就业观。

故事案例

农民工比大学生挣得多

某公司想要招聘一名司机，月薪4 000元，招了一个多月没招到。后来，公司把招聘信息改为招聘律师助理，月薪3 000元，要求有驾驶证会开车。一周内，大学生的简历像雪花一样飞来。

这则案例透露出一个很有趣的现象，工资高但是不体面的岗位不受大学生的青睐，而工资不高但体面的工作则成了很多大学生的工作选择。

这个说法有些夸张，但是大学生确实比农民工更好压价。一方面，因为大学生对金钱没有太多概念，刚毕业也不着急养家，而农民工在乎的是眼前能挣多少钱来养家；另一方面，大学生未接触过社会，掌握的信息不对称，对自己定位不准，导致其对收入没有清晰的认知。

严峻的就业形势给政府、高校和大学生提出了挑战。就业难是现实，但树立正确的就业观更重要。2013年5月，习近平总书记在天津考察时指出，当代大学生要志存高远、脚踏实地，转变择业观念，坚持从实际出发，勇于到基层一线和艰苦地方去，把人生的路一步步走稳走实，善于在平凡的岗位上创造不平凡的业绩。转变就业观念已成为一件迫在眉睫的头等大事。

就业观是人们选择和从事一定职业时的心态、情感、态度、评价标准和价值取向的总和，是一个人的人生观、价值观、生活观、劳动观以及享乐观等在对待职业问题上的重要表现。简而言之，就业观就是人们在选择职业和从事特定职业过程中所形成或持有的价值取向。

一、常见大学生就业观

树立正确的就业观是大学生走向社会的第一步。很多大学毕业生在择业过程中屡屡碰壁，甚至毕业后的一段时间内仍无法落实就业单位，根本原因就是没有树立正确的就业观。其主要表现有如下几个方面。

（一）就业观念理想化

很多大学生都怀有寻求理想职业、实现自我价值的强烈愿望，他们对社会、对人生存在着许多美好的向往，具有比较强烈的成就动机。但他们往往不能正确地认识社会，不能客观地评价自己，处于一种被动等待的状态，忽视择业过程中需求信息收集、择业技巧学习、社会其他因素影响的作用，把择业、就业过程简单化、理想化，且往往就业定位偏高。

（二）就业观念功利化

一些大学生过分看重眼前的经济利益和生活条件，一味追求到城市去、到挣钱多的地方去，对国家需要人才量较大的乡镇企业、边远山区、艰苦行业不屑一顾。有的大学生择业时与单位更多地在工资待遇、居住条件、假期长短等细节问题上纠缠不清，而对于单位的具体规模、工作环境、发展前景和个人的继续教育等重要问题却不很关心，这使用人单位感到这类大学生胸无大志，最终不与他们签订就业协议。

（三）就业观念狭隘化

一些大学生认为只有找到“公家”的铁饭碗才算就业。他们认为大学毕业后在私营企业、非国有公司工作或自己创业等，不能叫就业，并且受传统观念和疫情的双重影响，目前部分大学生找“铁饭碗”的意愿比较强烈。

（四）就业观念简单化

这类大学生基本表现为过高地估计了自己的能力、过于乐观地估计了面临的就业形势、过低地估计了面临的困难和竞争。大学生就业是一项复杂的系统工程，很多事情不是初出校门的大学生所能理解和掌握的，而部分大学生简单地把学校的学习成绩延伸到择业、就业过程中，忽视了综合因素的作用。很多大学生都有这样的困惑：为什么学习没我好的同学反倒能找到好单位?

（五）就业观念片面化

当代大学生对价值观的认识仍存在不小的偏差，主要反映在责任意识和义务观念相对薄弱，而追求个性自由、个人权利的要求继续增高。这表现在其对待奉献与索取的关系上，就是只讲索取，只注重个人正当利益的获得，而忽视讲奉献。现代社会支持个人正当权益的获得，但要求把遵循职业义务作为获得个人利益的条件，反对忽视社会利益和服务对象的职业利己主义。

二、树立正确的就业观

作为新时代的大学生，要面对现实，摆正心态，树立正确的就业观念。

（一）树立自主择业的观念

“双向选择”已成为就业的大趋势，大学毕业生与用人单位相互选择，即毕业生可以选择用人单位，用人单位也可以选择毕业生。因此，大学生应早做准备，不断储备自主择业的本领。大学生只有具备较高的素质、较全面的知识、丰富的经验和过硬的专业技能，才能在激烈的市场竞争中找到属于自己的岗位。

（二）树立竞争就业的观念

市场经济的主要法则是竞争、优胜劣汰，从根本上排斥“大锅饭”“铁饭碗”。这就要求大学生牢固树立自主择业、自谋职业、竞争就业的观念。“海阔凭鱼跃，天高任鸟飞”，因此，大学生应该摆正心态，主动适应社会竞争的法则，敢于大胆实践，勇于拼搏，这样每一位大学生也许都能在不久的将来，成为在市场经济大潮中搏击风浪的佼佼者。

（三）树立多渠道就业的观念

大学毕业生要解决就业问题，还要树立多渠道就业的观念。无论在什么地方、从事什么职业，只要自己的知识和才能得以施展，成为自食其力的劳动者，就是成功的职业人。青年大学生代表着祖国的未来，既要志存高远，又要脚踏实地，勇于到改革和建设的一线去，到基层和群众需要的地方去，从眼前做起，从一点一滴做起，不怕艰苦、不怕挫折，始终保持蓬勃的朝气与活力，唯有如此，方能在磨砺中成才、成功。

（四）树立多层次就业的观念

大学毕业生就业要克服一步到位的思想，必要时采取“先就业后择业”的就业策略。随着我国经济体制改革的不断深化及知识经济时代的到来，科技进步周期不断缩短，传统产业结构持续调整，必将引发劳动者工作岗位的流动与职业的变换。因此，大学生必须树立终身学习和多层次就业的新观念，努力克服一步到位的思想，为了生存先就业，并在工作中努力锻炼自己，提高自身的综合素质和能力，然后再选择职业，求得发展。

（五）树立创业即就业的观念

随着经济体制改革和产业结构的调整，非国有经济在整个国民经济中的占比越来越高。非国有经济企业不但已经成为吸纳大学毕业生的一个重要渠道，而且为他们的创业提供了广阔的空间。因此，大学生要立创业之志，走创业之路，建创业之功，树立创业谋职的新观念。大学毕业生不仅是社会现有就业岗位的竞争者，还应该是新的岗位的开拓者；不仅是需要就业机会的人，还应该是带来就业机会的人。大学毕业生只要能利用所学专长，坚定“走立志创业之路”的信心，大胆创业，就一定能创出一番业绩。

（六）树立大众化就业的观念

大学毕业生要破除专业一定要对口的就业观念。21 世纪，人们的职业和岗位变动更加频繁，大学毕业生即使到相关或不对口的岗位，也可通过再学习，提升自己的综合素质，以适应知识经济时代的要求。

训练活动

高职生就业观调查，要求随机抽取本校 100 名来自不同学院、不同专业的学生，从就业方向、就业形势、就业难点、就业态度等方面来设计问卷，开展调查，并撰写调查报告。

问卷内容设计参考如下：

（1）对本专业的了解程度及满意度，以及对其他专业的看法。

（2）对本专业就业现状的看法，包括对目前就业形势的看法、就业困难存在的主要原因、就业单位主要看中就业者哪些方面的素质等。

（3）自身存在的就业问题，包括薪资要求、升职要求、对就业单位的选择等。

（4）自身如何应对就业问题以便顺利就业，包括改变就业观念、降低期望薪资、提升技能、继续深造等。

本章总结

就业，是大学生毕业后走向社会面临的第一个待解决的问题。随着高校的扩招和我国就业市场供需结构矛盾的扩大，大学毕业生就业形势在一定时期内较为严峻。针对大学毕业生就业难这一焦点问题，政府出台了多项政策，采取了相应措施，鼓励和帮助大学毕业生就业。大学毕业生只有认真分析当前的就业形势，根据客观形势和自身条件，做好求职定位，树立正确的就业观，确定合理的就业目标，制订完善的就业计划，采取行之有效的就业行动，既不好高骛远，又不悲观丧气，才能顺利走入社会，迈好人生的第一步。

思考练习

1. 结合所学专业，谈一谈本专业毕业生就业面临哪些机遇和挑战。
2. 在我国目前的大学生就业形势下，高职毕业生应该树立怎样的就业观？

第二章

锚定职业目标

学习目标

通过本章的学习和训练，你将能够：

- 了解职业基础知识。
- 准确把握专业和职业的关系。
- 明确职业目标选择的基本原则。
- 锚定自己的职业目标。

案例导入

小刘为何无心工作？

小刘2010年从高职院校物流专业毕业后从事打单员工作，做了近4年后，感觉工作单调没有前途，改行做了2年软件销售；而销售工作竞争激烈，收入不稳定，她又回到了老本行，做了2年货运代理。目前，她正在从事电子商务报关的基层工作，本该属于她的主管位置被新来的同事抢走，她在心理上产生了较大落差，从而怀疑自己在这个行业的工作能力和前途。

小刘找到职业指导师诉说心中的苦恼：她已经有多年的工作经验，但是在职位和报酬上，目前的工作没有满足感和成就感，所以产生了跳槽的念头。但是，这几段跳槽经验又让她觉得这并不是个很好的选择。现实的残酷和心理上的不平衡让她无心工作。

案例讨论

1. 小刘为何无心工作，请你帮她找一下原因。
2. 如果你是职业指导师，你会给小刘哪些建议？

第一节　职业世界认知

【任务】　了解职业基础知识，包括职业的概念、特征及分类。
【目的】　提升对职业世界的认知。
【要求】　能够制作职业清单。

故事案例

疫情下的“新兴职业”

自2020年以来，受新冠肺炎疫情的影响，社会上诞生了不少“新兴职业”。

清明节回老家祭祖扫墓，是中华民族的传统习俗。但是受疫情的影响，很多人不能回老家，所以就请专业人士帮忙扫墓。小李是某高职院校市场营销专业的毕业生，她表示，自己就是专业的代客扫墓人员，每年清明节前后这些订单都接不过来，而且这些订单都有一个特点，那就是收费不菲。

可能很多人不理解，为什么会有这样的新职业产生，而找过代客扫墓的人，就能够体会，这个职业是刚需的。而且现在还有一个新职业，那就是“宠物殡葬师”。

现在的年轻人在外打拼，又不想很快成家，难免会孤独，就掀起了养宠物的风潮。但是，人会生老病死，宠物也会离开，于是“宠物殡葬师”这个职业应运而生。很多从事这个行业的人表示，虽然有时候订单不多，但是收费很高。

还有一个收入很高的新兴职业是“家庭收纳整理师”。这是近几年非常火的行业，已经有很多公司注册成立。现在很多人忙于工作，或者懒得整理房间，于是就想定期请人上门整理房间。

家庭整理师表示，每次收费300～800元，房间越乱，收费越高。如果订单很多，其中很多是回头客，月入过万是不成问题的。

一、职业认知

确定职业目标的前提是尽可能充分地了解职业，并据此判断职业是否真如心中所向往的那样。

（一）职业的概念

职业是指参与社会分工，利用专门的知识和技能，为社会创造物质财富和精神财富，获取合理报酬作为物质生活来源，并满足精神需求的工作。职业 = 行业 + 职位，其中行业是指方向，职位是指从事的具体事项、工作的岗位职务与位置。

职业包括以下多种含义：

（1）职业是指需要一定专业技术的工作，社会分工越细，职业门类越多。

（2）职业反映了人们为社会创造物质财富和精神财富，并获取合理报酬的劳动分工。

（3）职业具有一定的时间性和规范性，偶然或短期从事某项业务不能算是职业活动，每种职业活动都有自己的行业规范，必须依规办事。

（二）职业的特征

1. 社会性

职业是人类在劳动过程中的分工现象，它体现的是劳动力与劳动资料之间的结合关系，其实也体现出劳动者之间的关系，劳动产品的交换体现的是不同职业之间的劳动交换关系。这种劳动过程中结成的人与人的关系无疑是社会性的，他们之间的劳动交换反映的是不同职业之间的等价关系，这反映了职业活动和职业劳动成果的社会属性。

2. 规范性

职业的规范性包含两层含义：一是指职业内部操作要求的规范性，二是指职业道德的规范性。不同的职业在其劳动过程中都有一定的操作规范性，这保证了职业活动的专业性要求。不同职业在对外展现其服务时，还存在一个伦理范畴的规范性，即职业道德。这两种规范性构成了职业规范的内涵与外延。

3. 功利性

职业的功利性是指职业在作为人们赖以谋生的劳动过程中所具有的逐利性的一面。职业活动既满足职业者自己的需要，也满足社会的需要，只有把职业的个人功利性与社会功利性相结合，职业活动及职业生涯才具有生命力和意义。

4. 技术性和时代性

职业的技术性是指不同的职业具有不同的技术要求，每一种职业往往都表现出一定相应的技术要求。职业的时代性指的是职业由于科学技术的变化及人们生活方式、习惯等因素的变化，往往会被打上那个时代的“烙印”。

二、职业分类

社会分工是职业分类的依据。在分工体系的每一个环节上，劳动对象、劳动工具以及劳动的支出形式都有特殊性，这种特殊性决定了各种职业之间的区别。

（一）《中华人民共和国职业分类大典》

该书是我国第一部对职业进行科学分类的权威性文献，颁布于 1999 年。2022 年 7 月，人力资源和社会保障部向社会公示了新修订的版本。新版本将我国现有职业归为 8 个大类、79 个中类、449 个小类、1 636 个细类，并按“行业—专业—工种”的顺序依次编排工种。工种是根据劳动管理的需要，按照生产劳动的性质和工艺技术的特点划分的工作种类。

（二）形成自己的职业清单

职业作为人类社会发展到一定历史阶段的产物，往往随着社会的不断进步而加速变迁，几乎每 10 年都会发生一次全面的“职业大革命”。许多经济学家认为，未来几年内，新兴职业出现的频率将逐渐加快。所以在职业世界中，每个学生都一定能找到属于自己的工作。

此外，每个人心中有自己的理想职业，可以通过头脑风暴法把它们列举出来；同时，采用一些探索工作世界的方法，并结合自己的能力和价值观再次对其进行筛选。这样就获得了个人职业清单。

探索工作世界的方法如下。

1. 借助媒体

报纸、杂志、书籍、电视等印刷品和视听媒体的范围非常广泛，它们都有可能提供职业信息，比如《21 世纪》《中国教育报》《中国大学生就业》等。互联网已经是越来越重要的获得信息的途径，和职业相关的网站很多，比如前程无忧、智联招聘、中华英才网、中青在线人才频道及各高校职业指导网站等。

2. 打工实习

假期打工和专业实习都是实践性很强的方式，获得的信息更为真实。在打工和实习时，学生不仅可以体验工作内容，还可以近距离观察其他工作岗位的情况，为自己的职业选择收集第一手资料。

3. 人物访谈

这种方式是对身居自己感兴趣的职位的人进行采访。采访对象最好在这个职位上已经工作了 3 ~5 年甚至更长的时间。访谈时应明确访谈的目的，是收集职业生涯决策的信息，而不是利用生涯人物来找工作。

在对职业世界的探索过程中，方法还有很多，但光讲方法是不够的，关键是要有心，要抛开自己固有的想法，保持开放的心态，深入职业世界积极探寻其中的奥秘。

训练活动

以 2 ~3 人为一组，结合所学专业，开展一次生涯人物访谈，录制访谈视频并制作

PPT（演示文稿）进行展示。

第二节　选择专业还是职业

【任务】　了解专业的内涵，掌握专业与职业的关系。
【目的】　能够正确理解专业与职业的关系和区别。
【要求】　正确认识“职业是否必须与专业对口？”这一问题。

故事案例

大学生中的“考证热”

在某高职院校上大三的小王，所学的专业是药品生产技术。他本来对小学教育及相关知识一无所知，但为了毕业后能找一份好工作，也不得不硬着头皮去考教师资格证。小王认为，无论你能力怎么样，考的证越多、范围越广越好。他说：“证书也是实力的一种象征，多一张证书就比别人多一次机会。在条件相当的情况下，比对方多持有一张证书，就多了一分被用人单位相中的希望。”

除了面临毕业的大学生热衷考证外，一些新生也加入校园“考证族”。大多数新生认为，这两年受疫情影响，就业压力这么大，早做准备早下手，免得迟了跟不上。小张是2022级新生，对考证原本没有兴趣，但看到周围的同学都忙于考证，害怕落伍也加入考证行列。他说：“大家都在同一条起跑线上，我不去考岂不是落后了？再说，目前竞争压力这么大，多一证总比少一证好！”

专业是职业之本，大学毕业生一定要在理解自己专业的内涵的基础上，通过对社会行业发展动向及职业任职要求的分析，来形成自己较为理性的就业观，并做好职业生涯规划，才有利于就业。

一、专业与职业

大学生在作学业规划及升学志愿决策时，专业与职业之间的关系是必须面对又要解决好的重大问题。

（一）专业的定义

专业是指人类社会科学技术进步、生活生产实践中，用来描述职业生涯某一阶段、某人群用来谋生或长时期从事的具体业务作业规范。专业也指高等学校或中等专业学校根据社会专业分工的需要设立的学业类别。我国高等学校和中等专业学校根据国家建设需要与学校性质设置各种专业，各专业都有独立的人才培养方案，以实现专业的培养目标和要求。

（二）专业与职业的关系

不同的职业需要不同的知识和技能，而不同的知识和技能则是学（专）业的主要内容。从经济和效率的角度来看，大学生所选择的学（专）业当然应该是职业目标所需要的知识和技能来源。

但是专业与职业之间并不都是一一对应的关系，而是呈现出一对一、一对多、多对一等非常复杂的相关关系。例如，学习法律的人依然可以成为记者和管理人员，而学习计算机的人也可以成为教师或者公务员。所以，大学生在作学业规划时，首先要分析专业和职业的相关性，然后确定职业目标。

1. 一对一

这种情况最简单，一个专业方向对应一个职业目标。此类专业的技术含量比较高，方向也比较单一，一般为技术性较强、专业分工明确的中职、高职类工科专业。这类专业和职业一般对应于专业技术人员。

2. 一对多

一对多就是指一个专业对应多个职业方向。这类专业一般都存在于普通高校中，即常说的宽口径、厚基础的专业。

3. 多对一

多对一就是指不同的专业可以向同一个职业方向发展，这种职业一般技术含量不高，要求个人在实践中自己领悟和学习，比如公务员、记者、企业管理人员等。

二、职业是否必须与专业对口?

根据中国社会科学院和社会科学文献出版社等共同发布的“社会蓝皮书”显示，中国高校毕业生工作与专业相关度为63%左右。看起来数据还可以，但中国高校应届毕业生在就业半年内，离职率平均为35%，工作几年过后，专业对口率进一步下降，即使那些号称“90%以上专业对口”的高校，几年后的数据也下滑了不少。也就是说，其实有不少人在毕业后虽然选择了专业对口的工作，但是工作并不顺利，或者说与自己的想象差距比较大，所以最后选择了离开这份工作转行。因而，与其在毕业后选择转行，不如尽早做打算，从事自己真正想要做的工作。

案例分析

某高职院校电子商务专业毕业的小陈同学，毕业实习期间，在一家外资企业从事采购工作，这和她在校的专业基本不相关。实习结束后，她觉得那里的人际关系不太好处理，于是找了个机会跳槽到了新公司。她应聘的岗位依然是采购岗。随着在新公司工作时间的增加，她的能力得到了很好的发挥，她的经理又给她安排了生产计划的工作内容，再后来她还兼起了供应链管理的工作。短短四年，小陈的薪水从刚入职时的3 000元升到了6 000余元。

小陈认为，应聘专业不对口的工作和所有求职过程都是一样的，要想清楚的是：自己想要得到的东西能否从这个公司里得到？公司需要自己具备哪些能力？自己是否具有让公司得益的能力？而所有的动力就来自自己对该职业所具有的“passion”（激情）。一个人如果对目标非常执着，就没有什么事能难倒他/她。

从这个例子可以看出，学以致用固然是不错的选择，但是做自己喜欢的工作，即使它与在校所学专业无关，只要抱有从零学起的热情，一样可以开创令人羡慕的事业。

与工作相关度较高的专业，如模具设计、数控技术等，一方面，其专业性较强，毕业生掌握了更多的专业技能，在自己熟悉的领域更具优势，同时较高的专业门槛也导致了其他专业的毕业生想要涉足这些领域的工作难度较大；另一方面，这些专业就业环境较好，提供了较多的专业岗位，使本专业的就业需求相对得到满足。

反之，那些与工作相关度不高的专业，如电子商务等，一方面，该专业在学生的教育培养过程中，相对更注重综合素质的培养和思维方式的训练，毕业生虽然没有过强的专业性，但综合能力可能更强，更容易适应与所学专业不相关的工作；另一方面，该专业的就业环境不够理想，或者就业面过窄，或者毕业生供大于求的状况太严重，迫使更多毕业生不得不从事与专业不相关的工作。

因此，无论你毕业前就读什么专业，你的前辈们自会为你提供选择不相关工作的先例。所以，尽管抛开“专业不对口”的顾虑，大胆去争取你心中真正理想的工作吧！

训练活动

结合所学专业，谈谈你是如何理解自己所学专业与将来职业的关系的。

第三节 大学生的职业目标

【任务】 了解职业目标选择的基本原则和常见的几种误区。

【目的】 掌握职业目标锚定的方法和步骤。

【要求】 能够对原有的职业生涯规划书进行修订。

故事案例

究竟为什么要“专转本”?

某高职院校数控技术专业的小周，毕业实习时曾在一家著名的德资企业应聘成功。那时正值数控技术工人紧缺的黄金时期，造成了数控人才的走俏。毕业前，他通过“专转本”进入了一家民办本科学院深造。然而，两年过后，意想不到的事情发生了。小周本科毕业时，再次去该公司应聘，却遭到了拒绝。原因很简单，两年期间，随着公司的不断完善和同专业人才的涌入，该公司的数控人才早已经饱和了。无独有偶，该校还有一位通过“专转本”进入南京一所高校读本科的同学，由于他持有的毕业证书是民办二级学院的本科，虽然投出了很多的简历，还是一直等不到回复，最后在老师的推荐下，他和学弟学妹们一起竞聘一个企业，最后该企业在 21 位应聘者中录用了 10 位同学，而出乎意料的是他依然落选。

从这两个例子来看，继续深造并不一定给我们带来更光辉的前程。其实是否选择升学，关键在于自己是否有一个明确的职业目标。

一、职业目标的选择

（一）基本原则

尽管在职业目标的选择过程中，不同的人会从不同的职业价值观出发，采用不同的策略，满足不同的需求，但遵循一定的选择原则将有助于顺利达到职业目标。

1. 择己所爱

从事一项自己喜欢的工作，本身就能给人满足感，职业生涯也会因此变得妙趣横生。调查表明，兴趣与成功概率有着明显的正相关性。因此，在设计职业生涯时，要考虑个人特点、兴趣，择己所爱，选择自己喜欢的职业。

2. 择己所长

任何职业都要求从业者掌握一定的技能，具备一定的能力和条件。而一个人一生中不能将所有技能全部掌握。所以选择职业时要择己所长，运用比较优势原理充分分析他人与自己的优势和劣势，尽量选择竞争较少的优势行业，从而发挥个人的优势。

3. 择世所需

社会的需求不断地演化，所以设计职业生涯时，一定要分析社会需求，不能一味地追求自行设计。最重要的是，目光要长远，能够准确地预测行业或者职业未来的发展方向，所做的选择不仅是有社会需求的，而且这个需求要长久。

4. 择己所利

职业是个人谋生的手段，其目的在于追求个人幸福。当我们在寻求个人的职业时，谋求个人的幸福生活成为我们的首要动机，这个动机支配着我们的职业选择。所以在择业时，明智的选择是在由收入、社会地位、成就感和工作付出等变量组成的函数中找出一个最大期望值。

（二）常见误区

1. 错把行业当岗位

经常有大学毕业生在简历上这样写求职意向：建筑设计院、建筑施工单位与建筑相关的公司。他求职的意向是整个建筑行业，也就是他根本不知道自己可以做什么。

2. 错把就业当择业

许多大学毕业生把就业当成了择业，以为只要有一份工作总会学到一些东西。其实不然，在职业发展的层次上，选择比努力更重要。方向错了，走得越远离目标就越远。

3. 错把择业当专业

许多大学毕业生在选择与职业理想最相关、最接近的工作岗位时，把所学专业当作择业的关键因素。其实所谓的专业对不对口，只有在和职业理想相联系时才是需要去考虑的问题，而非按所学专业的职业前途去选择自己要做的工作。

4. 错把专业当能力

在求职简历上写上专业所学的课程时要慎重，不要把专业当作求职的砝码，因为并不是所学的专业对所求职的任何工作岗位都有支持作用，更何况你对所学的专业还不是那么精通，或者你所学的专业与所要从事的职业关联性不强。

5. 错把知识当技能

在应聘时，许多大学毕业生把所学的理论知识当作岗位要求的操作技能。做任何工作，除了要具备理论知识外，还必须掌握相应的操作技能。只有知识转化为技能，一个人才能安身立命，谋求更大的发展空间。

6. 错把兴趣当工作

在职业发展上，喜欢是一回事，胜任是一回事，选择又是另一回事。其实，影响选择职业与胜任工作的因素不是兴趣、爱好与性格，这些内在因素最多能让我们做得更好，却不能决定我们是否能做以及能否做成。

7. 错把经历当能力

在职业发展上，经历并不代表能力。每个人都有过去的经历，但不是每个人都会形成能力。没有方向地、盲目地去做社会实践，并不能形成自我的核心能力。

二、职业目标的锚定

有人力资源专家批评指出：当下，大多数大学生的职业生涯目标处于模糊状态，完全凭着空想构建自己的海市蜃楼。的确，如果要让目标真正具有指导性，那它必须是务实的、可行的且适合自己的。其实，解决这一问题的根本方法是做好职业生涯规划。

（一）职业生涯规划的概念

职业生涯规划是指在对个人职业生涯的主客观条件进行测定、分析、总结研究的基础上，确定最佳的职业发展方向，并为实现这一目标做出行之有效的设计与安排。用通俗的话说，就是给自己确定一个合适的职业目标，并想办法实现它。

职业生涯规划需要寻找三个平衡点：

（1）个人性格特点和兴趣。

（2）具备的能力、条件和专业知识。

（3）社会需求和市场。

让我们来了解一下舒伯的生涯彩虹图（图2-1）。

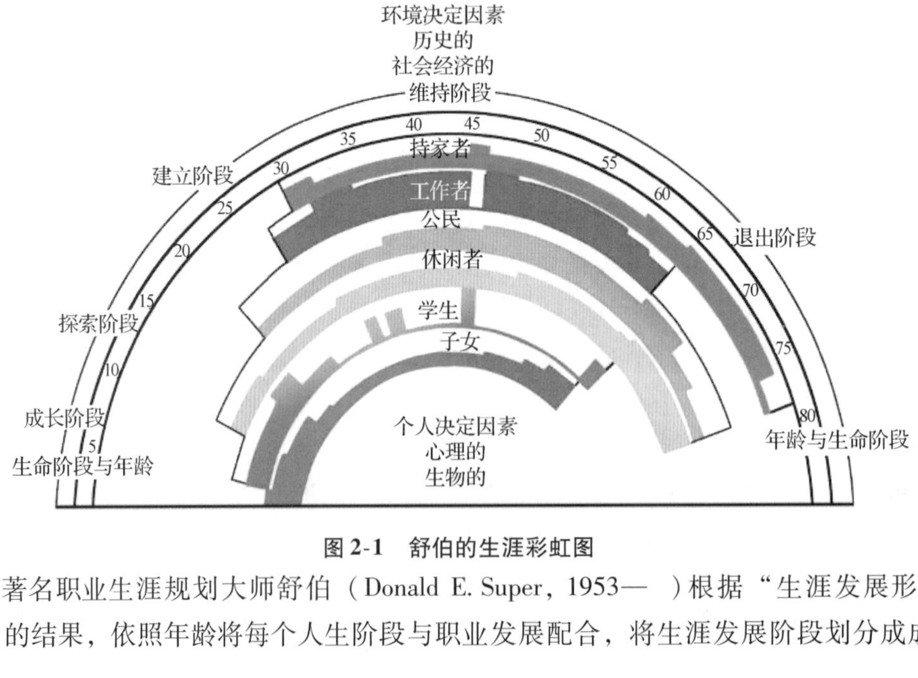

图2-1 舒伯的生涯彩虹图

著名职业生涯规划大师舒伯（Donald E. Super，1953— ）根据“生涯发展形态研究”的结果，依照年龄将每个人生阶段与职业发展配合，将生涯发展阶段划分成成长、探索、建立、维持和退出五个阶段，之后提出一个更为广阔的新观念——生活广度、生活空间的生涯发展观。这就是彩虹图。在生涯彩虹图中，纵向层面代表的是纵观上下的生活空间，由一组职位和角色所组成，分成子女、学生、休闲者、公民、工作者、持家者六种不同的角色，他们互相影响构成个人独特的生涯类型。

舒伯认为，一个完美的人生，未必仅仅依赖于职业角色的完美，更多的非职业角色使人生有更多的可能性。职业生涯规划的目的是使我们对学习工作生活的目的有更清晰的认识，并且对将来所要从事的工作富有热忱。规划得越早，个人就越容易集中所有的能量和资源去实现目标，成功的可能性就会更大。

（二）职业生涯规划的步骤

职业生涯规划需要一系列精心设计的流程才可能使个人迈上可控的成功之路。一般而言，职业生涯规划主要包括以下四个步骤（图 2-2）。

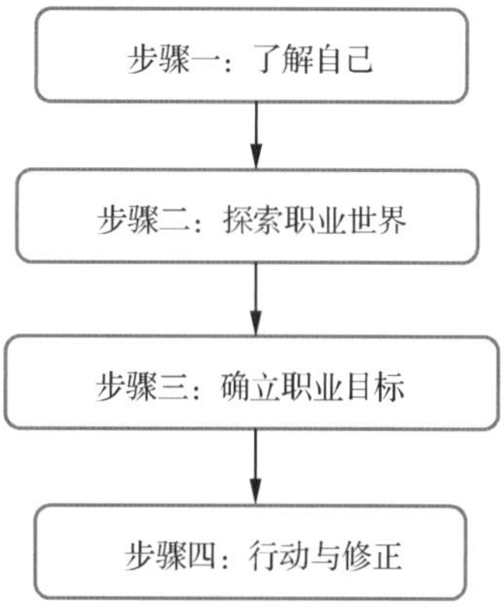

图 2-2　职业生涯规划四步图

1. 了解自己

通过自我分析认识自己，了解自己的优势和劣势，设定职业理想。了解自己的方法有很多种，包括询问自己的内心、倾听家人和朋友对自己的评价，还可以通过使用职业测评工具发现自己的职业兴趣。

2. 探索职业世界

通过实习、向从业者咨询或上网查询，了解真实职业环境，包括工作环境、工作内容、工作所要求的技能、任职资格、与其相匹配的工作风格和价值观等。

3. 确立职业目标

只有在对个人进行全面分析以及对环境有较深入的了解后，我们才能真正结合个人职业理想确定自己的职业发展目标。

4. 制订、执行行动计划并不断修正

为职业目标的实现设定短期的计划，可根据具体的职业要求，寻找自身的差距，制订提高能力的行动计划，并严格执行此计划。主要行动路线在于提高自己与理想职业相匹配的能力。由于人在不断成长，环境在不断改变，所以职业生涯规划也应该处于不断调整之中，也就是说，我们必须在先前做过的职业生涯规划的基础上不断进行自我认知和环境认知，适时调整和修订自己的规划，只有这样，我们才能拥有辉煌的人生。

训练活动

1. 训练项目：描绘你的人生时间轴（或人生轨迹）。

2. 训练要求：用你喜欢的方式，如语言、图画或其他你想到的方式，描绘并向大家展示你的人生时间轴（或人生轨迹）。

3. 训练讨论：分小组讨论，各小组派代表分享，教师点评。

人生时间轴（人生轨迹）示例如图 2-3 所示。

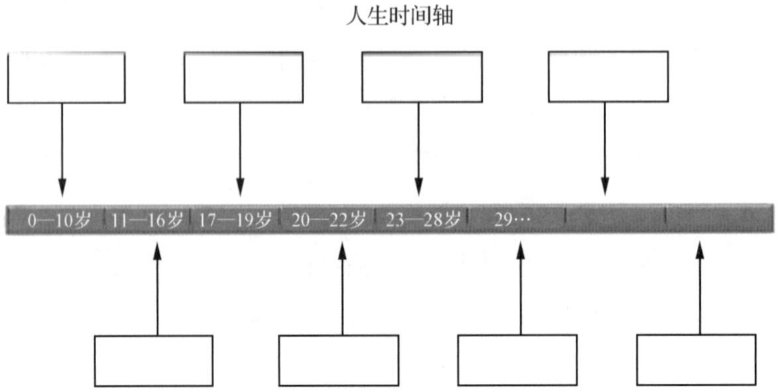

图 2-3　人生时间轴（人生轨迹）示例图

本章总结

明确自己的职业目标，提早做好职业生涯规划，对大学毕业生来说是非常有必要的。有了明确的职业目标，大学生才能够制订出更科学、更合理的学习计划，从而拥有更完善的知识结构和更全面的综合素质，以此为自身未来的职业发展打下坚实的基础。相比本科生在校四年，高职生在校时间较短，更应尽早明确自己的职业目标，采取切实可行的实施计划，才会度过一个充实而有意义的大学生活，毕业后也才能获得一份适合自己的工作。

思考练习

1. 请结合自身实际，谈谈可以从哪些方面来锚定自己的职业目标。
2. 结合本章所学，修订自己的职业生涯规划书。

第三章 求职前期准备

学习目标

通过本章的学习和训练，你将能够：

- 掌握搜集就业信息的途径，学会筛选、整理和运用就业信息。
- 掌握求职材料的制作方法，学会制作简历和求职信。
- 学会运用合适的调试方法，处理求职的心理问题。

案例导入

被破格录用的应届生

某高职院校室内设计专业应届毕业生小王，平时爱好广泛、积极钻研，热爱平面设计，在学好自身专业的同时，坚持练习绘画和电脑艺术设计，并报名参加了相关短期培训班，一、二年级就利用寒暑假时间到广告公司实习，先后进入过好几家规模不小的广告公司。三年级实习的时候，她精心选择了一家有名气的公司。由于聪明好学，她得到了所在实习公司几位资深设计师的指点，技艺大进，设计作品多次获得各种奖项。

这家公司今年只提供实习机会，不招新员工。因此小王在顶岗实习期间，抱着“试试看”的想法参加了人才市场举办的春季人才交流大会。她发现了一家知名的广告公司，当她兴奋地走上前时，却看见广告公司的招聘条件赫然标明：大专以上学历、艺术设计专业，具有一定工作经验者优先。

经过冷静的分析，小王觉得自己可以胜任，便勇敢地前往那家广告公司招聘处主动求职，递上了自己的求职资料和一本厚厚的作品集。

公司招聘人员看她是一名高职生，非艺术设计专业，而且还是应届毕业生，就想婉言拒绝。小王坚持请他看看她的资料，招聘人员翻看了她的资料，被她丰富的实习经历，尤其是那一本设计作品集吸引了，破例给了她参加面试的机会。面试中，小王以特有的自信乐观和较强的专业实践能力，在众多大学生中脱颖而出。招聘小组为此专门向公司总经理打了报告，请求特批录用。公司总经理在了解情况后，同意特批录用小王。小王如愿进入公司后，果然有出色的表现，在短短的时间内成为公司的业务骨干。三年后，她成为这家公司的设计总监。

案例讨论

1. 请思考，小王是凭借什么被特批录用的。
2. 小王的求职经历对你有何启示?

第一节　获取就业信息

【任务】　掌握搜集就业信息的途径。
【目的】　学会筛选、整理和运用就业信息。
【要求】　能够根据自己所学专业搜集相关的就业信息并合理利用这些信息。

故事案例

小赵的求职秘籍

毕业生小赵从找工作开始，就一直关注校园招聘会的信息，她通过高中时的同学，拿到了好多学校就业网登录的账号和密码，并且跟一起找工作的同学商定，每天“互通有无”，相互提醒有哪些重要的招聘会，这样就可以将所有能够知晓的校园招聘会信息“尽收眼底”。

小赵每天晚上必做几件事情:

(1) 在本校就业网上查询第二天的招聘会信息。查询内容包括招聘单位、时间、地点、需求职位、职位要求等。

(2) 登录外校就业网，查询该校第二天的招聘会信息。

(3) 打电话、发短信询问一起找工作的“盟友”关于第二天的招聘信息，以防自己疏忽大意漏掉重要信息。

(4) 比较多个招聘信息，根据自己找工作的目标，决定第二天去哪些招聘会。

通过这种缜密的信息搜集办法，小赵没有错过任何一场自己想去的招聘会，获得了很多好的应聘机会，不到三个月，她就通过校园招聘会获得了一家著名外企的录用通知。如果你在每个学校至少找一个同学做自己的“线人”，随时了解各个学校的招聘会信息，那么你就会获得比别人多得多的求职机会。

高职生求职不能当“井底之蛙”，而是要运用多种手段去探索世界；要重视对就业信息的搜集、整理、分析和使用，为选择一个适合自己的职业提供有力的依据。

一、获取就业信息的渠道

1. 学校就业主管部门

学校就业服务中心（也称学校就业指导中心），是各个学校毕业生求职的一个重要渠道。它的优点在于针对性强，与专业相关的职位信息丰富，所介绍的企业和学生们的学历、素质、技能等关联度高、岗位匹配度强。同时，对比现场招聘会，学校就业服务中心渠道的竞争对手相对少一些（各高校限制外校学生访问就业网）。缺点是提供的职位受专业限制严重，获取的信息局限于本校。

2. 政府就业指导机构

在我国，为帮助高校毕业生更好地就业，教育部成立了全国高校毕业生就业指导中心，各地教育部门也相继成立了毕业生就业指导机构。这些机构的一项重要任务就是与毕业生和用人单位进行信息交流，提供咨询服务。

3. 招聘会

目前的招聘会主要有两种：一种是大型综合招聘会，一般选址在大型的展览中心、体育馆。众多类型公司到现场发布用人信息并与求职者见面。大型的招聘会一般每季度或半年举办一次。另一种是规模比较小的专业人才招聘会，一般由一所或几所学校所组织，参加的用人单位都来自特定的行业。

4. 互联网

互联网作为开放式的信息平台，具有信息量大、成本低、方便快捷等优势，越来越受到大学生的青睐。但网络求职应注意防范网上求职骗局。求职者一定要登录正规网站，可能的情况下，可通过熟人或电话询问，仔细核对用人单位信息。

常用的部分求职网站及其他信息渠道有：

智联招聘网：http://www.zhaopin.com/。

中华英才网：http://www.chinahr.com/。

中国高校毕业生就业网：http://www.gaoxiaorencaijob.com/。

应届生求职网：http://www.yingjiesheng.com/。

前程无忧网：http://www.51job.com/。

21世纪人才网：http://www.rsj.sh.gov.cn/21cnhr/21index.shtml。

搜狐求职频道：http://hr.sohu.com/。

海投网：https://www.haitou.cc/。

拉勾网：https://www.lagou.com/gongsi/。

大街网：https://www.dajie.com/。

大学生志愿服务西部计划网：http://xibu.youth.cn/。

西部志愿汇微信公众号（ID：xbzyz010）。

各地项目办微信公众号。

各省市人力资源和社会保障部门官方网站、各地政府官方网站、各省市教育部门官方网站及官方微信公众号和官方微博、各省市考试院网站及微信公众号和微博、各高校网站及微信公众号和微博等。

5. 传媒载体

通过广播、电视、报纸、杂志的专栏报道，获取有关就业政策、热门话题讲座、招聘信息等，这是获取职位信息最传统和最常见的求职方式之一。

6. 社会关系网

通过社会关系或熟人推荐，是一种较为有效的方法。毕业生可以通过家长、亲友、老师或校友，了解就业信息，获取就业机会。

7. 社会实践和毕业实习

社会实践和实习是大学毕业生踏入社会的前奏曲，利用社会实践和实习来找工作是成功率最高的求职方法。从社会实践或实习单位获取就业信息，相对来说命中率高，竞争对手少，目标明确，针对性强。

8. 个人创业

创业是目前解决我国就业问题的一种有效手段，也是国家重点扶持和鼓励的方向。根据教育部的要求，各地已经开展创业培训，一些学校还制定政策，对创业者给予奖励。

二、就业信息的运用

（一）就业信息的处理

大学生在求职择业过程中获取的信息数量众多，这就要求大学生要根据自己的实际需要对搜集到的信息进行处理，去伪存真、去粗取精，提高就业信息的针对性和时效性，以便更好地为自己的择业服务。

1. 科学地掌握就业信息

大学生在择业过程中需要掌握的就业信息很多，不仅包括用人单位的需求信息，还包括经济社会发展情况、就业政策、行业动态等。毕业生可通过对就业信息的分类、加工、整理，把握社会政治、经济等各方面的发展动态，并据此分析当年社会的就业形势，对各行各业、各层次人才的需求情况有总体的认识，以便及时调整个人在择业中的预期目标，选定自己最需要的就业信息。

2. 准确地鉴别就业信息

大学生获取就业信息的渠道多种多样，获得的信息真伪难辨，首先要确定其真实可靠的程度。除了自己亲身实践获得的就业信息外，其他就业信息原则上都需要进一步甄别。有些招聘者出于损人利己的目的，利用大学生求职迫切的心理，发出带有引诱性、欺骗性的信息。这就需要我们提高警惕，分析和鉴别信息的真伪。要通过一切可能的知情人、企业官方宣传途径等，尽可能多地掌握更多的情况。

3. 有针对性地筛选就业信息

面对大量的用人信息，大学生不可能也没有必要逐一落实。比较实际的做法是根据个人对职业评价、职业兴趣的思考，把符合个人发展方向的用人信息按重要性、紧迫性综合排序，然后分层次、有重点地了解落实。

4. 合理地利用就业信息

（1）尽快与用人单位取得联系，以免在自己犹豫不决时错失良机。因为，信息是具有时效性的，错过了这个时机就等于错过了这个机会。

（2）根据就业信息的要求，及时调整自己的知识、技能结构，提高自己的工作能力，弥补原来的不足。如发现自己哪方面的知识不足，就主动去学习；发现自己哪方面的技能欠缺，就赶快参加培训。

（3）及时输出对他人有用的信息。有些信息对自己不一定有用，可是对他人却十分有用，遇到这种情况，千万不要抓住这些信息不放手。输出对他人有效的就业信息，不仅可以帮助他人顺利就业，还增加了与他人交流信息、增进友谊的机会。

（二）了解用人单位的招聘信息

依据所获得的就业信息，经过筛选、比较，进行科学决策，使自己最后瞄准一个或几个相对确定的目标，接着所要面临的环节就是求职面试了。对大学毕业生而言，要想顺利通过面试关，就必须对用人单位的组织文化、经营理念、管理方式、产品结构、用人制度及以往的历史和今后的发展情况有所了解。虽然把握就业信息，并不必然决定能被录取，但可以增强应聘的针对性，提高录用的可能性。

1. 查询用人单位的信息

在对就业信息进行查阅和分类分析后，毕业生对自己重点落实的单位要进行以下几个方面的调查了解：

（1）用人单位的准确全称、性质及上级主管部门。

（2）用人单位的联系方式，如人事部门联系人、电话、通信地址、邮政编码等。

（3）用人单位需要的专业、具体工作岗位。

（4）用人单位对所需人才的具体要求。

（5）用人单位的地点、工作环境及待遇，包括工资、福利、住房、奖金等。

（6）用人单位的现有综合实力、规模、效益，主营业务及远景规划，在行业中的竞争地位。

（7）利用企业生命周期原理进行分析。企业生命周期是指企业生存大致经历的四个阶段：投入期、成长期、成熟期和衰退期。

对这些信息进行查询，可从以下几个方面入手：一是通过“天眼查”网站获得用人单位的全称、地址邮编、电话号码、负责人姓名等备用；二是通过其他用人单位信息公开发布渠道查找有关资料；三是找已经在该单位工作的亲友、同学等，直接了解本单位的详细情况，采取这种方式所获得的用人单位的信息是最直接、最可靠的。

2. 研究用人单位的信息

认真研究用人单位的信息是指根据自己的应聘需要，对用人单位的重要信息进行较深层次的分析研究，为应聘做好充分准备。大学毕业生要尽量深入地了解和分析公司的经营范围、经济效益、产品构成、生产规模、分支机构设置及企业文化、公司发展前途等基本情况。一个企业在生命周期的不同发展阶段，会有不同的用人需求。处于投入期的企业，会为大学生大展身手创造有利条件，其工作特点：一是工作量大，需经常加班加点赶工期；二是需要人员充当多面手，不管分内分外都要负责；三是能接触企业最高管理者；四是薪酬不会很高，但晋升的机会通常较多，短时间内就可能升到较高的位置。但企业基础尚不够稳固，所以要承受较大的经营风险。处于成长期的企业，晋升的机会也较多，但个人发展的速度略微缓慢。处于成熟期的企业，制度体系都已上了轨道，想在此较快获得晋升的可能性不大，工作生涯可能会比较漫长，对此要有心理准备。

训练活动

分组讨论，通过哪些渠道获得的就业信息可信度更高、求职成功率更高？并说明原因。

第二节　准备求职材料

【任务】　了解求职材料的内容，掌握制作方法。
【目的】　提升求职材料的制作水平。
【要求】　能够制作简历和求职信。

故事案例

达·芬奇的求职信[①]

1482 年，31 岁的达·芬奇离开故乡佛罗伦萨，来到米兰。他给当时米兰的最高统治者、米兰大公鲁多维柯斯弗查写了封求职信，希望谋得一个军事工程师的职位。这封求职信就是著名的《致米兰大公书》。

尊敬的大公阁下：

来自佛罗伦萨的作战机械发明者达·芬奇，希望可以成为阁下的军事工程师，同时求见阁下，以便面陈机密：

一、我能建造坚固、轻便又耐用的桥梁，可用来野外行军。这种桥梁的装卸非常方便。我也能破坏敌军的桥梁。

二、我能制造出围攻城池的云梯和其他类似设备。

三、我能制造一种易于搬运的大炮，可用来投射小石块，犹如下冰雹一般，可以给敌军造成重大损失和混乱。

四、我能制造出装有大炮的铁甲车，可用来冲破敌军密集的队伍，为我军的进攻开辟道路。

五、我能设计出各种地道，无论是直的还是弯的，必要时还可以设计出在河流下面挖地道的方法。

六、倘若您要在海上作战，我能设计出多种适宜进攻的兵船，这些兵船的防护力很好，能够抵御敌军的炮火攻击。

此外，我还擅长建造其他民用设施，同时擅长绘画和雕塑。

---

① 文章来源：《视野》2014 年第 13 期，黄仲立译.

如果有人认为上述任何一项我办不到的话，我愿在您的花园，或您指定的其他任何地点进行试验。

向阁下问安！

达·芬奇

米兰大公收到此信后不久，就召见了达·芬奇。在短暂的面试后，正式聘用达·芬奇为军事工程师，待遇十分优厚。

就业材料是毕业生用来和用人单位取得联系、介绍个人基本情况、全方位展现个人风采的各种说明性和证明性的材料，在择业过程中，这些材料有着举足轻重的作用。一份完整、直观又有吸引力的就业材料是大学毕业生的敲门砖。就业材料一般包括毕业生就业推荐表、个人简历、求职信或自荐信、各种证明材料等。

一、毕业生就业推荐表

《毕业生就业推荐表》（以下简称《推荐表》）是由学校统一印制的，一人一份。求职阶段学生尚未取得毕业证书，因此《推荐表》是毕业生在该阶段用来证明身份及基本情况的有效凭证。用人单位一般据此了解毕业生的基本情况。《推荐表》原件需妥善保存，只有在与用人单位正式签订就业协议时，才可将《推荐表》原件交给用人单位。

填写《推荐表》务必整洁、清晰、实事求是。填表注意事项如下：

第一，姓名填写与学籍资料中的信息一致。

第二，学历填毕业时的学历。

第三，政治面貌一般为党员、预备党员、团员或群众。

第四，入学前所在地写到市（县）一级，注明××省××市××县。

第五，高职生的个人经历可从高中开始填写。

第六，在校任职情况，现任的与曾经担任过的班干部或学生组织负责人都可填写。

第七，奖励情况，曾经获得过的学校等各级各类奖励都可填写。

第八，求职意向，根据自己所学专业填写。

第九，推荐意见由所在班级的班主任填写并签章。

第十，学校主管部门意见由学校就业指导（推荐）部门填写并签章。

《推荐表》示例如图 3-1 所示。

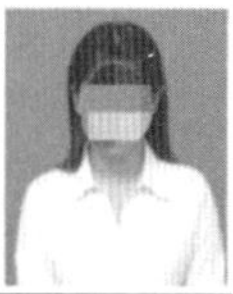

2022届毕业生双向选择就业推荐表

学校：　　　　　　　　代码：　　　　　　　　学号：

姓名		性别		学历		专业			
培养方式		是否师范类		政治面貌		民族		出生年月	
生源地区						联系电话			
掌握外语种类		熟练程度						健康状况	
入学时间		毕业时间				身份证号			
在校期间担任的主要职务情况									
专业主要课程									
特长爱好									
奖惩情况									
学校评语									
学校推荐意见	学校毕业生就业工作部门（盖章） 年　月　日								

说明：1. 此表每位毕业生限发一份，可在http://www.91job.org.cn验证。
2. 此表同时应附学校教务部门签发的成绩表。
3. 可附其他自荐材料。

江苏省教育厅印制

图 3-1　《推荐表》示例

为保证《推荐表》的真实性、严肃性、唯一性，《推荐表》填写好后，由学校就业推荐部门集中办理审核、盖章手续。这是从学校的角度出发，因其对毕业生的情况比较了解，可以负责地向用人单位推荐学生，是最有权威性和说服力的材料。

二、求职简历

求职简历，是求职者个人生活、学习、工作等各方面情况的如实反映，也是求职者递送给招聘单位的一份简要介绍，可为求职者创造面试机会。现在很多毕业生都习惯于通过网络来求职，所以一份出色的个人简历对于获得面试机会显得尤为重要。

（一）简历的内容

（1）基本情况。包括姓名、性别、出生日期、籍贯、民族、学历、专业、政治面貌、健康状况、家庭住址、联系方式等。

（2）求职意向。有调查显示，约有40%的招聘企业希望在求职者的简历上看到明确的求职意向。因此，你最好在简历中写明自己的求职意向，明确告诉企业你能做什么，或从事哪一方面的工作，让招聘者一目了然。

（3）学习经历。

（4）工作经历。

（5）专业技能。

（6）奖励和荣誉。

（7）自我评价。

（二）简历的撰写要点

1. 简历的内容要与应聘岗位的要求相吻合

简历不是个人信息的大量罗列，求职者应尽可能地了解用人单位的岗位设置和用人需求，然后展示自己相对应的契合点，避免千篇一律。

2. 内容真实，扬长避短

内容一定要真实，切勿夸张和造假，不能让用人单位认为你在撒谎。如果你觉得自己资质平平，在自我评价时可以突出愿意吃苦、愿意从底层做起、不计报酬、愿意学习等内容。

3. 条理清楚，突出重点

据调查，招聘者审阅一份简历通常最多用30秒的时间，求职者如果没有一份脉络清晰、信息准确的简历，很难脱颖而出，所以写简历的时候要重点突出、清晰明了、突出“亮点”。

4. 表述简洁，格式规范

文字简练、避免重复，以1~2页为宜，格式规范、清晰美观。千万不能有错别字。

5. 量身定做

简历制作要注重“量身定做”。应聘的岗位不同，要突出的特长也不同，重点强调和该职位相匹配的某项技能。

撰写简历的过程，其实就是求职者在寻找自己与应聘岗位的契合点的过程。求职者不仅需要从主观的角度考虑，挖掘并展现出自己的优势，还需要从职位的角度客观地评价自己竞聘的岗位：招聘单位处在哪个行业？是何种类型的用人单位？具体的职位是什么？它会看重具有哪些素质的应聘者？会喜欢怎样风格的简历？如果求职者能正确地揣摩出招聘单位的意图，并在自己的简历中有所表现，那就更容易成为用人单位眼中最适合这个职位的人了。

（三）求职简历示例

图 3-2 为一份求职简历示例。

个人简历

姓名	×××	出生年月	1998.08	
民族	汉	身　高	177 cm	
电话	×××××××××××	政治面貌	中共党员	
邮箱	×××××@126.com	毕业院校及学历	××职业技术学院 市场营销专业	照 片
住址	××省××市	学　历	大专	
求职意向	市场专员			

教育背景

2015.09—2017.06　　××职业技术学院　　市场营销（专科）

主修课程：管理学、微观经济学、宏观经济学、管理信息系统、统计学、会计学、财务管理、市场营销、经济法、消费者行为学等。

实习经历

2016.09至今　　××有限公司　　市场营销（实习生）

- 负责公司线上资源的销售工作（以开拓客户为主），公司主要资源有广点通、智汇推、小米、360、沃门户等。
- 实时了解行业的变化，跟踪客户的详细数据，为客户制订更完善的投放计划（合作过珍爱网、世纪佳缘、56视频、京东等客户）。

校内实践

2016.03—2016.06　　××有限公司　　跟岗实习

- 整体运营前期开展了相关的线上线下宣传活动；中期为进行咨询的人员提供讲解；后期进行了项目的维护，保证了整个项目的完整性。
- 带领本校团队超额完成规定的业绩，绩效占到公司当季的30%左右。

获奖情况

第一学年：校优秀团员、校二等奖学金获得者。

第二学年：校三好学生、国家励志奖学金获得者。

第三学年：省优秀学生干部、学院社会实践优秀个人。

技能证书

普通话一级甲等。

全国大学英语六级（CET-6），良好的英文听、说、读、写能力，能快速浏览英语专业文件及书籍。

通过全国计算机等级考试二级考试，熟练运用Office相关软件。

自我评价

本人性格开朗、为人真诚，思维活跃，勇于挑战，对互联网保持高度的敏感性和关注度，熟悉产品开发流程，有很强的产品规划、需求分析、交互设计能力，能独立承担App和Web项目的管控工作，具有较强的责任心和团队意识。

图 3-2　求职简历示例

三、求职信

求职信是求职者在了解就业信息后有目的地向用人单位做自我介绍的一种书面材料。求职信的主要目的是拉近求职者与人事主管（负责人）的距离，提高获得面试机会的可能性。

（一）求职信的写作格式

求职信的写作格式与一般书信的写作格式大致相同，包括标题、称呼、正文、结尾和落款。

1. 标题

标题是求职信的标志和称谓，要求醒目、简洁、庄雅。需用较大字体标注“求职信”三个字，显得大方、美观。

2. 称呼

称呼是指对主送单位或收件人的称呼，要正式、准确，且在实际书写时要根据对象区别对待。例如，对方为企业人力资源部时，可用“尊敬的××经理”等。

3. 正文

正文是求职信的核心部分。正文要另起一行，空两格开始写。正文内容应当包括以下几部分：

（1）简单的自我介绍，如姓名、年龄、学历、专业、特长等。

（2）简单说明求职信息的来源。

（3）说明应聘职位，表达出对应聘工作感兴趣的原因和到招聘单位工作的愿望。

（4）重点说明个人具备的能够胜任工作的条件。

4. 结尾

结尾一般包括两个方面的内容：一是盼回复，如“热切盼望您的回复”“期待能获得面试的机会”等。二是祝词，如“顺祝安康”“祝贵公司兴旺发达”等词，也可用“此致”“敬礼”之类的通用词。

5. 落款

落款包括署名和日期。需要注意的是，不管求职信是打印的还是手写的，署名一定要手写，并在下方写上具体的年、月、日。

（二）求职信的撰写要点

求职信最忌讳篇幅过长以及与简历内容重复。求职信篇幅以两三百字为宜，内容可包括求职者对于所申请的职位的见解以及针对这个职位所具备的优势等。写好求职信要做到“三要”“三忌”“三突出”。

“三要”：一是书写要清晰，清楚地表达出自己的适应能力、工作态度和发展潜力；

二是态度要诚恳，展现出自己对应聘单位及拟从事的工作有着浓厚兴趣，但是用语要得体；三是格式要规范，在形式和内容上都要符合求职信的撰写要求。

“三忌”：一忌盲目自信，甚至提出过分要求；二忌洋洋洒洒，述说自己对几乎所有职业都具备能力和感兴趣；三忌主题不明，事无巨细，写成一份流水账式的学习工作总结。

“三突出”：一突出自己的优点和长处；二突出自己具有的特殊能力和技术；三突出学校、所学专业和个人的知名度。

（三）求职信（自荐信）示例

求职信

尊敬的贵公司领导：

您好！

感谢您在百忙之中翻阅我的自荐信，对一个即将迈出校门的学子而言，这将是一份莫大的鼓励。我叫×××，是××职业技术学院药品生产技术专业××届毕业生。我从××网站上得知贵公司欲招聘质控专员，故冒昧给您写信应聘。

大学期间，我在老师的指导和自己的努力下，学习掌握了扎实的理论基础知识，熟悉了实验场所常用仪器与设备。同时，我在课外时间广泛地学习了应用软件的操作以及有关专业知识，不仅充实了自己，也培养了自己多方面的技能。我有较强的管理能力、活动组织策划能力和人际交往能力，曾担任×××。作为学生干部，我工作认真，学习刻苦，成绩优异，得到学校领导、老师、同学的一致认可和好评，多次获得校三等奖学金及“三好学生”和校“优秀共青团员”荣誉称号，还获得过校“学生会优秀部员”称号。

作为工科生，我对基本功尤为重视，平时认真做实验，注意锻炼动手能力，大二期间参加了大学生实验创新项目，圆满完成了任务，并和其他成员发表了一篇论文。通过努力，我还通过了全国大学英语六级和全国计算机等级二级考试。

实践上，我积极地参加各种实践活动，比如校内的书法大赛等，抓住每一个机会，不断地锻炼自己。假期中我还去做了寒、暑假工，在这过程中，我深深地感受到，看似简单的事情，其实也没那么容易做好，这使我获益匪浅。

大学里，丰富多彩的社会生活和井然有序而又紧张的学习气氛，使我得到多方面不同程度的锻炼和考验。正直和努力是我做人的原则，沉着和冷静是我遇事的态度，爱好广泛使我非常充实，众多的朋友使我倍感富有。更重要的是，严谨的学风和端正的学习态度塑造了我朴实、稳重、创新的性格。我很强的事业心和责任感使我能够面对任何困难和挑战。

我相信自己能够胜任贵公司质控专员一职。贵公司现代化的经营理念、广阔的发展空间，都深深地吸引着我。如果能成为贵公司的一员，我愿意从基层做起，努力工作，为公司做出自己的贡献。

随信寄上本人简历及相关证件的复印件，请审阅。

祝愿贵单位事业蒸蒸日上，再创佳绩！希望领导能够对我予以考虑，再次感谢您阅读我的自荐信。热切期盼您的答复。祝您工作顺心！

邮　　箱：××××

联系方式：××××

此致

敬礼！

求职人：×××

××××年××月××日

训练活动

根据自身实际情况和想要应聘的岗位，撰写一封求职信。

第三节　求职心理调适

【任务】　掌握求职心理的调试方法。

【目的】　培养积极乐观的求职心理素质。

【要求】　能够认知与调试自我心理。

故事案例

小林的烦恼

学生小林，男，系某高校经济管理类专业 2022 届毕业生。学生家庭条件较为困难，平时父母要求严格，自我要求极高，性格要强。临近毕业，小林面临人生选择，是继续深造还是选择就业。

2022 年，疫情阻断了大部分线下宣讲、招聘会，加之小林自身求职目标较高但就业能力较差，简历投递杳无音信，一时找不到努力方向，小林陷入求职受挫的困扰中无法自拔，出现迷茫、纠结、自我怀疑等复杂情绪。

案例中小林同学的情况，从本质上讲，是就业心理问题在疫情因素“放大镜”下的聚焦和呈现。面对高校毕业生基数压力和新冠肺炎疫情现实困境的双重影响，部分大学生未能树立正确的价值观、就业观、择业观，出现诸如自身就业期望偏高、就业能力偏差、升学志愿好高骛远，以及“慢就业”、“懒就业”、缺乏行动等就业困境，需要高校加强求职心理指导。

对于大学生来说，求职择业是人生中的一个重要转折点，是大学毕业生实现从学生到职业人过渡的重要一环。然而，部分毕业生在求职过程中，由于对自我认识的不足和职业目标的混乱，容易出现一些心理偏差。

一、常见求职心理问题

（一）迷茫和焦虑心理

临近毕业，许多大学生一边忙着完成毕业论文，一边面临着找工作还是继续深造的艰难选择，他们承受着较大的心理压力，这种压力不仅来自毕业季的紧张气氛，还来自家长的关心及同学间的竞争。尤其是看到自己身边的同学接二连三地找到了心仪的工作，而自己尚未有着落，许多毕业生深陷迷茫和焦虑的漩涡，甚至感到前所未有的彷徨。

此外，毕业生迫切地想要找到一份合适的工作，更多是为了衔接大学生活，让自己接下来的日子更有归属感和方向感。因此，职业的选择成了他们所面临的关键性问题。往往在这个时候，越犹豫不决、摇摆不定，越容易给人带来迷茫感和焦虑感。

所以，不论是外在的压力驱动，还是内心深处的渴望和追求，毕业生在求职的过程中面临着种种波折，迷茫和焦虑成了常见的心理现象。

（二）自卑和自负心理

就业强调个体能力、求职境遇以及社会环境之间的关系协调，这就要求毕业生们在求职过程中做出相应的认知和判断。部分毕业生由于对自身认知不足，表现出自卑或自负的心理。这两种类型的认知错位同个体对自身能力的错误评估息息相关。例如，有些毕业生因生理、家庭等方面的不足，对自己缺乏足够的信心，觉得自己能力不强，比不上那些高水平院校毕业的、家境殷实的学生，求职时常常带有自卑情结，采取退缩逃避的态度。而有些毕业生却持有过高的自我评价，十分自傲，对职业要求很高，许多用人单位根本入不了他们的“法眼”。这两种不良的就业心理往往是求职途中的“绊脚石”，不仅平添了许多障碍，也让求职者的就业面变得越来越窄。

（三）攀比和“躺平”心理

求职期间，一场没有硝烟的“内卷”之战悄悄蔓延，毕业生的较量正在进行。激烈的竞争环境中，出现了两大典型的心理现象：一是攀比心理。除了个体能力的差异外，求职岗位也存在着等级之分，这让一些同学处在攀比之中，盲目进行不客观的比较，甚至为了找到比别人薪资待遇更好的工作，甘愿放弃那些适合自己、专业对口的职业。二是“躺平”心理。部分毕业生自诩是“佛系青年”的“躺平”标杆，在求职过程中由于屡次遭到挫折，对就业失去兴趣，甚至不思进取，直接任其发展，深陷恶性循环之中。

二、求职心理调适方法

（一）转移注意，缓解求职焦虑

当你过于看重就业结果、深陷求职的焦虑时，可以通过注意力转移的方法，将精力或情感转移到其他的活动中，停止原先的精神内耗。例如，参与体育锻炼、外出散心、欣赏音乐等，让自己的状态由消极转向积极。

（二）适度宣泄，改善不良情绪

在每天的学习和求职中，你的心里可能会产生大大小小的情绪垃圾，就像是电脑运行久了会产生一些软件垃圾一样。一旦这些垃圾没有得到及时的清理，电脑就会卡顿。也就是说，不良情绪不断堆积，达到一定程度，会影响求职以及身心健康。所以，你可以采取适度宣泄的方式改善不良情绪，例如听音乐、找朋友倾诉、写信、品尝美食、玩游戏等。

（三）自我反省，明确职业定位

自我反省是一种心理调节的方法，指的是在面对问题时，通过对问题的理智分析，并检讨自己的想法和行为，明确自己的定位。毕业生在面临就业困境时，唯有客观地分析自己的能力水平和所处的就业环境，进行正确的自我认识、自我评价并明确自我职业定位，方能做出合适顺心的职业选择。

（四）自我激励，树立就业信心

自我激励是指个体能为设定的目标努力工作的一种心理特征，也是一种积极的自我暗示，有利于树立求职者的就业信心。例如，在遭遇求职挫折时，可以通过喊话式的加油打气，不断告诉自己“我可以”“我能行”，给自己灌输积极正面的想法，帮助自己直面挫折，勇敢应对。而在面试的过程中，你也可以通过暗示自己“放平心态”“不必紧张”“我是最棒的”等方式来不断强化自己的自信心，积极主动地对待面试。

训练活动

根据以下材料，分组讨论。

A 同学：她成绩不如我，参加的活动也没我多，居然签了一个那么好的单位，我一定不能比她差。

B 同学：找工作靠的是实力，外表根本不重要。

C 同学：给五六个单位投了简历都没有回音，唉，被打击了，不想找工作了。

请分别对以上三位同学的就业心理进行分析，分小组进行汇报。

本章总结

总而言之，“求职”这道选择题，是对我们每个人的现实考验。“凡事预则立，不预则废”，大学生在求职之前要做好充分的准备，要学会正确筛选、整理和运用就业信息，精心准备好求职材料，调试好求职心态。所谓“准确的数据带来准确的决定”“良好的心态是成功的关键”，只有做好了这些必要的准备，大学毕业生才能在求职中取得成功，开启自己的职业生涯。

思考练习

1. 根据你所学的专业及想要应聘的岗位，搜集三则合适的就业招聘信息，并完成下表。

公司名称			
职位类别			
职位名称			
职位描述			
工作地点			
招聘条件			
联系方式			
搜集途径			

2. 请根据你所学的专业，通过网络或人才市场寻找一份实习工作，并根据有关岗位信息的要求撰写一份个人简历。

第四章

掌握应聘技巧

学习目标

通过本章的学习和训练，你将能够：

- 了解笔试的类型、解题技巧。
- 掌握面试的类型、应对技巧，以及求职面试的基本礼仪。
- 运用所学的求职技巧，参加面试实战训练。

案例导入

求职中的学问

大数据专业的小张，求职面试过几次，却屡试屡败。看到其他同学一个个被用人单位相中，他心中很是焦急。他觉得自己学习成绩不错，笔试也能顺利通过，为什么面试总是不成功?

于是他去请教学校就业指导中心的老师。老师让他回忆，在那几次面试中，自己有没有感觉有失误的地方。他想了一会儿说，在A公司的面试中，过于紧张以致语无伦次；在B公司的面试中，没有说好选择这个行业的理由；在C公司的面试中，没有回答好业余爱好是什么，回答的居然是上网聊天。

老师在了解了小张的失误之处后告诉他："除了专业知识的准备外，还要注重面试技巧的学习。"针对小张的个人特点，老师对他进行了全方位的辅导和训练，包括面试时的个人准备，如自我介绍、对应聘公司的了解、自身形象设计、礼仪素养等，以及面试时的心态调整，如注视对方、学会倾听等。要注意说话的语速、语调、仪态、心态、表情的控制等，面试后要注意礼貌答谢等告别礼仪。一周后，小张参加了D公司的面试，在面试官面前，他神态自若，应对自如，礼仪周到。面试官当场表态，他们公司需要这样自信、稳重的学生。就业后，他果然表现优秀，受到了用人单位领导的肯定。

案例讨论

1. 想一想，小张笔试能通过，为什么面试屡遭挫折？
2. 你认为，面试有哪些要求，面试时需要注意什么？

第一节 笔试技巧与方法

【任务】 了解笔试的基本类型。
【目的】 掌握笔试的应对技巧。
【要求】 能够从容应对笔试。

故事案例

笔试到底考点啥?

小李是财务管理专业的应届毕业生，刚开始找工作时，在简历上花费了一番工夫。很快，某企业通知小李参加笔试，小李很高兴，因为应聘的是出纳的岗位，小李还特意复习了很多相关知识。然而，第一次笔试回来，小李发现自己做的复习准备只派上了很小一部分的用场，更多的笔试题目类似趣味考试题，如逻辑推理、词语填空、对策分析等，甚至还有一套心理测试题，这些都给没有准备到点子上的小李来了个措手不及。之后的笔试，小李还特意按第一次笔试时的题型做了一些题目的收集，却发现每个用人单位、不同的岗位的笔试题各有不同，小李觉得无从下手，每次笔试前心里都没底，相当紧张。

请同学们给小李同学支支招，除了运用传统的以课本为基础的备考方式来准备招聘笔试外，还要做些什么?

笔试是招聘流程中一个基本的筛选环节，能帮助用人单位在一定程度上快速甄别应聘者的基本能力素质和专业技术水平。笔试主要考核的是应聘者的基础知识、文字素养、心理健康等综合素质。它通常用于一些对专业技术要求很强和对录用人员素质要求很高的大型企事业单位的招聘过程，是一种相对公平的测试方式，大学毕业生一定要掌握技巧，充分准备。

一、笔试的基本类型

按考试的侧重点分类，目前招聘过程中的笔试形式一般有以下几种。

（一）专业考试

专业考试主要是检验应聘者担任某一职务时是否能达到所要求的专业知识水平和相关实际能力的考试。专业知识考试的题目专业性很强，例如，外资企业、外贸企业对应聘者要考外语，科研机构招聘人员要考动手能力，公检法机关录用干部要考法律知识，等等。值得注意的是，这种考试方式已被愈来愈多的“热门”单位所采用。

（二）文化素质考试

文化素质考试是为了检验毕业生的实际文化素质，由用人单位给出范围或特定要求，通过作文的形式来考查应聘者知识、思维、文字表达能力的一种笔试方式。考试的题目灵活多样、应用性强，比如：要求文科学生运用某一原理，或某一历史知识，分析某一问题；要求理工科学生运用某一专业知识，解决某一实际问题；等等。

（三）技能测试

技能测试是为了检验应聘者的实际工作能力或专业技术能力而设的考试。这种考试往往针对特定的工作岗位来设计。比如，用人单位要招聘一名秘书，为了考查应聘者是否具有这方面的技能，会通过下面的题目来测试：阅读一篇文章，写读后感；自编一份请示报告和会议通知；听取 5 个人的发言，写一份评议报告；某公司计划在 5 月份赴日本考察，写出需做哪些准备工作。

（四）论文笔试

论文笔试是检验应聘者分析、综合、比较、归纳、推理等思维能力的方法。其形式是论述题或自由应答型试题。论文笔试的最大优点是有利于考查应聘者的思考能力，从而能够反映应聘者思想认识的深刻程度。这种测试往往会导致种种不同的答案，易于发现人才，远比简单的测验题更能判断一个人的水平。论文笔试要求毕业生讨论问题要深刻、有见地。

（五）心理测试

心理测试是用事先编制好的用于测试应聘者心理素质的标准化量表或问卷，要求应聘者在一定时间内完成，根据完成情况来判断其心理水平或个性差异的方法。一些特殊的用人单位常常以此来测试应聘者的态度、兴趣、动机、智力、个性等情况。

二、笔试的应对技巧

（一）笔试的知识准备

1. 学以致用，理论联系实际

现在的招聘考试越来越强调用学过的知识来解决实际问题，具有很强的实用性。换句话说，现在的招聘考试主要是考核应聘者对知识的运用能力。因此，复习过程必须始终突出一个“用”字，通过各种实践，把学到的知识运用到实际工作中去解决各种具体的问题。

2. 提纲挈领，系统掌握

在知识与能力两者中，知识无疑是基础，没有扎实的基础知识，也就无从谈能力的培养和提高。掌握知识的一个有效方法就是把零散的知识化为系统。但是招聘笔试往往范围大，内容广，存在着一定的随意性和盲目性，因此，凡是与应聘有关的一些知识如文史知识、科技知识、经济知识、法律知识和一般的电脑知识，均要系统地复习一遍。

3. 多读多练，提高阅读能力

提高阅读能力，对扩展知识面和回答招聘考试的各类问题很有益处。要提高阅读能力，首先得坚持进行阅读实践。复习时经常做些阅读训练，有助于阅读能力的提高。在做阅读训练时，一定要做到“眼到”和“心到”，特别是“心到”，即对每个问题都仔细揣摩，认真思考，分析比较，综合归纳，努力提高自己的阅读能力。

4. 敏锐思考，提高快速答题能力

为了适应招聘考试中的题量，应聘者还应该尽快培养自己快速阅读、快速思维和快速答题的能力。因为现代阅读观念不只着眼于信息的获取，而且还特别重视速度，所以在准备笔试的时候一定要提高读题与答题速度。

（二）笔试应注意的细节问题

1. 服从安排

在监考人员的安排下就座，而不要选择座位，更不要抢座位。如果自己确因视力等原因需要调整座位，一定要有礼貌地向监考人员申述并求得其谅解；若实在不能调换，也应自己克服，予以服从。

2. 遵守规则

在答题之前，一定要听清楚监考人员对试卷的说明，不要仓促作答，避免因为一知半解而跑题、漏题或答非所问。如确需查阅字典、手册等工具书，则须取得监考人员的同意，否则会留给对方不遵守规则的印象，甚至被认为作弊而被取消资格。

3. 信息准确

答题前，先将姓名等被要求填写的个人关键信息填写完整，并保证清晰准确，没有遗漏。如果因为自己的一时疏忽而导致白考一回，则太不值得了。

4. 莫论人非

试卷质量是和出卷人的水平密切相关的，所以不同招聘单位的试卷水平很有可能会参差不齐。作为应聘者，切不可意气用事，当面批评招聘单位的出卷水平；否则，只能给对方留下不愉快的感受，于求职毫无益处。

5. 卷面美观

答卷时尽自己所能，注意卷面整洁、笔迹清晰、行距合理、段落齐整、页边距适当、页码清楚。

6. 诚实稳重

在考试时应该诚实稳重，坦荡有节。不偷看别人的试卷，不私自翻阅参考材料，不与旁人商量，不烦躁不宁，不干扰他人。主动按照监考人员的要求，关掉手机并放在包里或直接上交手机。

7. 保守秘密

如果有些单位借招聘考试之机，故意引诱你泄露之前单位的一些商业秘密，你可以拒绝作答，一走了之。因为，这样的单位绝非可留之地。

训练活动

笔试有哪些基本类型？应对笔试有哪些技巧？

第二节　面试技巧与方法

【任务】　了解面试的基本类型。

【目的】　掌握面试的应对技巧，培养良好的职业礼仪。

【要求】　能够从容应对面试。

故事案例

倾听的艺术

19世纪的美国，由于电话还没有被发明出来，人们的通信主要依赖莫尔斯码电报来传递信息。有一家电报公司缺少一名报务员，于是雇主刊登了招聘启事要招一名懂得莫尔斯码的报务员。启事登出后，共有8位年轻人应约前来面试，接待的工作人员让他们在嘈杂的电报间里等候面试。几位年轻人等待了很长时间却没有人出来通知他们进去面试，电报间里滴滴答答的电报声音搅得他们心烦意乱。这时候，其中的一位小伙子却神情轻松地步入办公室。

过了一会儿，面试的雇主走出来对其他依然在等待的应聘者说："各位不好意思，让大家久等了，但是我想说的是，我们已经招到理想的人了。"他指了指前面进去的那位小伙子说："就是他了。"其他的人一片哗然："为什么没有通知我们？而他自己进去，你们就录用他了？这算什么意思？"大家被弄得一头雾水。"先生们，大家静一下，"那位雇主说，"其实在你们等待的时候，我们已经用莫尔斯码电报发出了信息叫你们进来面试，这同时也是对你们是否胜任这个职位的测验，非常遗憾你们都没有注意到，而这位小伙子却能听懂我们的信号进来面试。毫无疑问，这次面试，就只有他通过了我们的测试。"

这个故事能带给应聘者的启示是：面试前，要做好充分的准备；面试时，要学会观察、学会倾听，还要保持一颗冷静的头脑、一个冷静的心态。就像案例中的这位年轻人，他既懂得莫尔斯码，在等待面试的过程中，又时刻保持头脑清醒、认真倾听，才能"侦测"到企业发出的录取"暗号"。希望这个小故事能给广大仍在求职道路中努力着的朋友们一点小小的启发，做一个屡战屡胜的"面霸"。

面试是一种经过组织者精心设计，在特定场景下以面试官对应聘者的面对面交谈与观察为主要手段，由表及里测评应聘者的知识、能力、经验等有关素质的一种考试活动。

面试时的一些细节和应聘者的瞬间表现，往往能决定他能否通关，能否求职成功。因此，我们试着从最全面的视角，即从面试的类型、面试全过程准备，到面试后的收尾工作等，帮助你熟悉面试的各个方面。

一、面试的基本类型

（一）根据面试标准化程度分类

结构化面试：面试题目、面试实施程序、面试评价、面试官构成等方面都有统一明确的规范的面试，如公务员面试和一些银行、国企统一组织的面试。

非结构化面试：对与面试有关的因素不做任何限定的面试，也就是通常没有任何规范的随意性面试，如一些企业聊天式的提问面试。

半结构化面试：只对面试的部分因素有统一要求的面试，如规定有统一的程序和评价标准，但面试题目可以根据面试对象而随意变化，如无领导小组讨论（后面有详细介绍）等。

（二）根据面试对象分类

单独面试：面试官与应聘者单独面谈的面试。

小组面试：多位应聘者同时面对面试官的面试。通常要求应聘者通过小组讨论，相互协作解决某一问题，或者让应聘者轮流担任领导主持会议、发表演说等。这种面试方法主要用于考察应聘者的人际沟通能力、洞察与把握环境的能力、领导能力等。

（三）根据面试进程分类

一次性面试：用人单位对应聘者的面试集中于一次进行。

分阶段面试：可分为两种类型，一种叫“依序面试”，一种叫“逐步面试”。

依序面试一般分为初试、复试与综合评定三步。初试一般由用人单位的人事部门主持，主要考察应聘者的仪表风度、工作态度、上进心、进取精神等。复试一般由用人部门主管主持，以考察应聘者的专业知识和业务技能为主，衡量应聘者对拟任工作岗位是否合适。

逐步面试一般是由用人单位面试小组成员［一般由用人单位的主管领导、处（科）长以及一般工作人员组成面试小组］按照由低到高的顺序，依次对应聘者进行面试。基层一般以考察专业及业务知识为主，中层以考察能力为主，高层则实施全面考察与最终把关。逐步面试实行逐层淘汰筛选。

（四）根据面试风格分类

压力性面试：将应聘者置于一种人为制造的紧张气氛中，让应聘者接受诸如挑衅性的、刁难性的考验，以考察其应变能力、压力承受能力、情绪稳定性等。

非压力性面试：在没有压力的情景下考察应聘者有关方面的素质。面试官力图创造一种宽松亲切的氛围，使应聘者能够在最小压力下回答问题，以获得录用所需的信息。一般除了那些需要真正在压力下工作的岗位之外，非压力面试适用于绝大多数的情况。

（五）根据面试内容设计的重点分类

常规面试：面试官和应聘者以面对面问答形式为主的面试。

情景面试：突破了常规面试官和应聘者的那种一问一答的模式，引入了无领导小组讨论、公文处理、角色扮演、演讲、答辩、案例分析等人员甄选中的情景模拟方法。

无领导小组讨论：由一组应试者组成一个临时工作小组，讨论给定的问题，并做出决策。

无领导小组讨论，是一定数目的应聘者组成一组（8～10 人），进行一小时左右的与工作有关的问题的讨论，讨论过程中不指定谁是领导，也不指定应聘者应坐的位置，让应聘者自行安排组织。面试官观测应聘者的组织协调能力、口头表达能力、辩论的说服能力等各方面的能力和素质是否达到岗位的要求，以及自信程度、进取心、情绪稳定性、反应灵活性等个性特点是否符合岗位的需要，由此来综合评价应聘者之间的差别。

综合性面试：兼有前两种面试的特点，而且是结构化的，内容主要集中在与工作职位相关的知识技能和其他素质上。

（六）根据面试途径分类

主要有电话面试、视频面试、现场面试。

在视频面试前，要注意以下几点：

（1）应当打扫好自己的房间，确保光线充足，自己的网络状况良好。

（2）在个人形象上，做好梳洗打扮，有条件的话，可以穿着正装，以示尊重。个人形象一定要做好，才能给面试官留下好的第一印象。

（3）摆正态度，做好面试前的准备，提前汇总好问题。

（4）注重语速语气以及音量。在回答问题的时候，要注意对方是否能听见，可能会受到场地、网络以及设备的影响，这些都要提前调试好，如果现场有变化，可以询问对方是否能够听见。可录下视频进行总结。

（七）依据面试的功能分类

可以将面试分为鉴别性面试、评价性面试和预测性面试。

鉴别性面试：依据面试结果将应聘者按相关素质水平进行区分的面试。

评价性面试：对应聘者的素质做出客观评价的面试。

预测性面试：对应聘者的发展潜力和未来成就等方面进行预测的面试。

二、面试的应对技巧

（一）面试前的准备

1. 了解用人单位

俗话说："知己知彼，百战不殆。"因此，应聘者在面试前要了解用人单位的大致情况。一般来说，可通过用人单位宣传资料、网站、新闻媒体报道等渠道来了解用人单位的性质、组织机构、规模和效益、发展前景、企业信誉等情况；了解用人单位招聘职位的性质、工作内容、所需知识和技能等情况。

2. 个人资料准备

应聘者参加面试要带好求职信、个人简历、成绩单及有关证书（正本和复印件）等材料。如果应聘外资企业，最好将求职信、个人简历等材料准备为中英文对照格式。即使曾经通过邮箱等发过求职信和个人简历，也应该再带上一份材料，以备用人单位查看。

3. 面试问题准备

面试中常见的问题通常可以分成七类：个人情况、应聘动机、专业情况、工作能力、人际关系、工作态度及其他方面。

面试中常见的问题有：

（1）请介绍一下你自己和你的家庭；你有哪些优缺点；你的特长和爱好是什么。

（2）你为什么要应聘这个职位；你对本行业、本单位、本职位有何了解；你找工作考虑的首要因素是什么；你期望的月薪是多少。

（3）你喜欢你的专业吗；你对自己的学习成绩是否满意；你懂何种外语，熟练程度如何。

（4）你的适应能力如何；你认为自己适合做什么样的工作；你担任过何种社会工作，组织参加过何种社会实践和社会活动。

（5）你喜欢与什么样的人交往；喜欢独立工作还是与别人合作。

（6）你遇到过的最大的困难是什么；如果单位的安排与你的愿望不一致，你如何考虑；如果工作安排与你的专业不对口，你如何考虑；你能否接受经常加班。

（7）你是否有出国或继续读书的打算；你觉得学历和工作经验哪个更重要；如果本单位和另外一个单位同时聘用你，你将如何选择。

4. 模拟面试准备

刚毕业的应聘者缺乏面试的经验，在面试前有必要进行一些模拟面试训练。毕业生可以通过就业指导课或讲座、查阅有关面试的指导书籍、观看面试指导视频、参加面试实战训练等途径进行学习和训练。有关面试的实战训练，本章第三节有详细介绍。

（二）面试的技巧

1. 三思而后答

在面试时一定要注意把紧嘴巴，三思而后答，如果认为已经回答完了，就不要再讲，可以说“回答完毕”。不要为了自我推销而试图采用多讲话的策略来谋求在较短的时间内让招聘方多了解自己，这样往往会画蛇添足。

2. 机智巧妙应答

面试时经常会遇到这些情况：未听清问题或者听清了问题自己一时不能作答，回答时出现错误或不知怎么回答。这些情况都可能使自己处于尴尬的境地。避免尴尬的技巧有：对未听清的问题，可以请求对方重复一遍或解释一下；一时回答不出时可以请求面试官提下一个问题，等考虑成熟后再回答；遇到偶然出现的错误，也不必耿耿于怀而打乱后面问题的思路。

3. 稳定自己的情绪

有时面试中，面试官会突然提出一个应聘者意想不到的问题，目的是想试试应聘者的应变能力和处事能力。这时，一定要稳定情绪，千万不可乱了方寸。

4. 不置可否地应答

面试时，面试官时常会设置一些无论应聘者怎么回答都不讨好的问题或者“圈套”式的问题，应聘者要注意灵活运用语言表达技巧，不要一开始就把话“讲死”。要善于用模糊语言来应答，如可以先用“不可一概而论”作为开头，接着从正反两方面来解释你的观点。

5. **自圆其说**

面试中，有时面试官所提的一些问题并不一定有标准答案，只是要求应聘者能自圆其说。这就要求应聘者答题之前要尽可能考虑得周到一些，采用发散式思维去应答这类问题，自圆其说即可。

（三）面试后的注意事项

面试结束，并不是一了百了，后面还有很多事项需要去认真做好。

1. **写信感谢**

为了加深招聘人员的印象，增加求职成功的可能性，面试后的两三天内，应聘者最好给招聘人员写封信表示感谢。感谢信要简洁，最好不超过一页纸。感谢信的开头应提及自己的姓名、简单情况以及面试的时间，并对招聘人员表示感谢。感谢信的中间部分要重申对公司、应聘职位的兴趣，增加一些对求职成功有用的新内容。感谢信的结尾可以表示对自己的信心，以及为公司的发展壮大做贡献的决心。感谢信示例如下。

尊敬的王总监：

您好！

我是××月××日下午到贵公司应聘销售助理的×××。非常感谢您给了我这次面试机会！很高兴认识您，跟您的谈话是一次愉快而收获甚大的经历。

通过这次谈话，我更加深刻地认识了贵公司，尤其是贵公司的企业文化，感受到这是一家有社会责任感的公司。同时，感谢您对我“大学生要闯一闯”观点的认同和赞许。在面谈中，您对公司的真挚情感溢于言表，您的专业能力、人际沟通能力、洞察力、亲和力以及谈吐，都令我敬佩不已，也是我今后学习的榜样。能够与您认识是我的荣幸，若能进入公司协助您办事，得到您的指点，共同为实现企业目标而努力，将是我职业生涯中的一件幸事！

面试中，我也了解到销售助理岗位的职责与要求。纵观自己的学习、实践经历，加之通过以后不断地学习和努力，我完全有信心胜任此工作岗位，同时通过贵公司的指导和帮助，我在销售领域会很快成长。在这里就本人应聘销售助理岗位的优势，结合您的问题，总结几点如下：

其一，贵公司的产品技术含量高，与我所学的专业吻合，相信专业出身的我对产品性能、技术指标的深入了解，一定有助于销售目标的达成。

其二，尽管我在平时与人交往上比较平和，但对于销售工作，我还是非常有激情的，愿意投入自己的全部人脉、时间与精力，把销售工作做好。

其三，虽然我刚刚毕业，但在以往，我也参与了本专业论坛的管理与市场推广、广告赞助等活动，积累了一定的销售经验。

我相信，在贵公司的这个岗位上，我是较合适的人选。我迫切希望公司能给我一次锻炼的机会，我必将全力以赴、不辱使命，甚至超越公司对我的期望，为公司的发展做出应有的贡献！真诚希望能有机会和您共同工作，期待能为公司的发展贡献一份力量，期待贵公司是我职业生涯开始的地方。

再次感谢！

此致

敬礼！

求职人：×××

××××年××月××日

2. 耐心等待

在一般情况下，每次面试结束后，招聘主管人员都要进行讨论和投票，然后送人事部门汇总，最后确定录用人选，这个阶段可能需要三五天的时间。因此，在这段时间内一定要耐心等候消息，不要过早打听面试结果。

3. 调整心态

如果同时向几家公司求职，在一次面试结束后，要注意及时调整自己的心态，全身心地投入第二家单位的面试。因为，在接到聘用通知之前，面试结果还是个未知数，始终不应该放弃其他机会。

4. 查询结果

一般来说，如果在面试的两周后，或面试官许诺的时间到来时还没有收到对方的答复，就应该写信或打电话给招聘单位，询问面试结果。

5. 总结反思

每一次的求职，或成功或失败，要做到胜不骄、败不馁。一次失败，并不意味着次次失败，只要总结经验与教训，调整自己的应聘策略，积极准备，求职成功就在下一次。

三、面试礼仪

（一）见面礼仪

1. 准时赴约

遵约守时是最基本的礼仪。如果应聘者在约定好的面试时间内未到、迟到，会让面试官觉得应聘者的时间观念极差，留下不好的第一印象。

2. 以礼相待

到达用人单位后，应主动向接待人员问好。进门后要有礼貌地问候面试官。待面试官表示“请就座”时，先道谢，然后再按指定位置落座。尽可能保持坐姿优美，表情宜亲切、自然。

（二）应答礼仪

1. 谈话礼仪

答话应吐字清楚，把握重点，准确客观，态度要热情、坦诚。答话时，眼睛看着面试官，应自信、冷静、沉着，不要浮躁、紧张、胆怯。在面谈过程中，要仔细倾听对方的提问，不要夸夸其谈、炫耀自己，更不要喧宾夺主，切忌打断面试官的提问和交谈。面试期间保持坐姿端正、专注倾听。

2. 行为礼仪

面试中，行为举止作为无声语言，是面试官判断应聘者基本素养的重要依据。面试进场应先敲门，通常为两到三下，待里面传来“请进”的话音后再进场。进场应从容稳定，不可过快。面试中保持坐姿端正，切忌做摇头晃脑、抖腿等动作。

3. 薪酬问题

薪酬问题是个敏感而又实际的问题，在面试中常被提及。应聘者要掌握好三个环节。首先，摸清情况。应聘者和面试官面谈之前，可先了解行业的一般待遇及前任员工的工资收入。其次，选择时机。应聘者不宜在刚与面试官见面时就谈待遇问题，而应掌握“火候”。最好等到面试官表示出合作意向时，再谈论薪酬问题。再次，留有余地。当面试官有意聘用你时，他可能会突然提问：“你希望的月薪是多少?”此时，你不要惊慌，可以根据你掌握的有关情况，说出自己能够接受的最低待遇和希望获得的最高月薪。但不把话说死，要给对方和自己留下回旋的余地。

（三）面试后告别礼仪

面试结束时的礼仪也是公司考察录用的一项评判内容。成功的方法在于：

（1）对面试官表示感谢，并再次强调自己对应聘工作的热情。

（2）记住了解面试结果的途径和时间。

（3）切记不要在结束谈话前就表现出浮躁不安、急于离去的样子。

如果面试官当场告知录用情况，应聘者不要过分惊喜，要表示感谢，希望未来合作愉快；如果要等候结果，可再次强调自己对工作的热情，并感谢面试官，记住了解面试结果的途径和时间；如果当场被告知未被录取，结束面试后也要礼貌地表示感谢，切记不可用不礼貌的语言评价面试或对方的人才评价标准。

（四）其他细节

面试过程中还有许多值得关注的细节，如面试前请一定记得将手机关闭或者至少调成静音模式，避免在面试中途被电话打断，那样会让面试官对你的印象大打折扣。

训练活动

准备一段150字左右的自我介绍，能在面试的时候成功地吸引面试官的注意。

第三节　面试实战训练

【任务】　掌握常见的面试思路，了解面试常见问题及其应答思路。

【目的】　提升面试实战能力。

【要求】　能够运用所学求职技巧，参加面试实战训练。

故事案例

微软招聘故事的启示

有个年轻人去微软公司应聘，而该公司并没有刊登过招聘广告。见总经理疑惑不解，年轻人用不太娴熟的英语解释说自己是碰巧路过这里，就贸然进来了。总经理感觉很新鲜，破例让他一试。面试的结果出人意料，年轻人表现很糟糕。他对总经理的解释是事先没有准备，总经理以为他不过是找个托词，就随口说道："等你准备好了再来试试吧！"

一周后，年轻人再次走进微软公司的大门，这次他依然没有成功。但比起第一次，他的表现要好得多。而总经理给他的回答仍然同上次一样："等你准备好了再来试试吧！"就这样，这个青年先后5次踏进微软公司的大门去面试，最终被公司录用，成为公司的重点培养对象。

职业目标的实现过程是艰难的，很多人不成功并不是没有目标，而是缺乏"再试一次"的毅力和勇气。

一、常见面试攻略

面试是用人单位挑选职工的一种重要方法。面试给单位和应聘者提供了进行交流的机会，能使单位和应聘者之间相互了解，从而使用人单位、应聘者更准确地做出聘用与否、受聘与否的决定。那么，应聘者在参加面试时，究竟该如何应对？如何让面试官对自己的回答感到满意？这些问题的答案是每个去面试的人想知道的。那么，下面我们来对企业的面试思路进行解析，希望能够触类旁通，给大学毕业生提供有益的帮助。

（一）面试思路解析

1. 从面试提问的类型入手

（1）行为化或情景性的问题。

面试官的提问，不会脱离学习、工作、生活的范围，也不会问什么是对的或什么是错的，因此，其一般采取的方式就是将你放回到过去曾经经历过的某件事情或某个情境中去，看看当时你是如何处理问题的。

（2）角色扮演性的问题。

例如：假设你是专营店负责人，你的下属向你汇报下列各项问题，你会如何处理它们？

面试官提出这类问题，可能是因为在你过去的经历中无法找到特别相关的可以考察你的潜力的例子；或者他列举的是一个商业环境之中非常普遍也非常难以处理的问题，想看一下有什么创造性的解决方案，或有什么分析问题的新思路。

（3）行业相关问题。

面试官或者想知道你对相关行业的熟悉程度，或者想看一下对于一些问题在不了解的情况下你能够做出怎样的回答。

（4）时事问题。

面试官希望了解，你是否是一个对时事发展给予关注、时时刻刻了解外部变化的人。另外，也希望看看你是否能对此做出具有分析力的陈述。不过需要提醒的是，对于非常有争议的时事问题要小心回答，尽量回答得中立一点。

（5）忠诚度问题。

公司都希望你确实对它感兴趣，也希望你未来的职业发展与公司能够赋予你的东西相吻合，因此，会有不少类似“你为何要应聘本公司?”“你的职业发展规划是怎样的?”这样的问题。目的其实都比较清楚，除了看一下你是否对自己应该做什么比较清晰以外，还要考虑你的忠诚度问题。

2. 从面试提问的目的入手

作为企业的面试官，他们所有的问题其实都是围绕着能力素质来展开的。无论提问的角度是怎样的，提问的类型又是如何，他们最终所期待了解的就是“你是否具备那些职业素养、专业技能和相关经验”。

在一定时间范围内，专业技能与相关经验对于一位应聘者而言是相对稳定而且难以改变的，而职业素养才是面试官所要了解的关键内容。其中，他们尤其偏好考察应聘者的 16 种职业核心能力。

分析判断能力：分析能力、市场敏感度、创造力、清晰的目的性、学习能力、结构化的思维能力。

人际交往能力：领导力、沟通影响力、团队合作能力、客户服务能力。

工作态度：开拓能力、诚信正直、职业化的行为、高效的工作能力、计划与自我管理能力、充满工作激情。

例如，“你具备哪些职业素养、专业技能和相关经验?”这一问题的回答思路如图 4-1 所示。

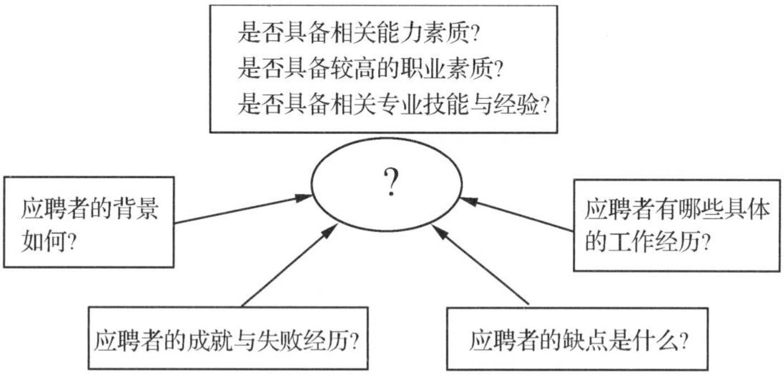

图 4-1　问题回答思路图示一

再如，“你是如何安排日常工作的?”这一问题的回答思路如图 4-2 所示。

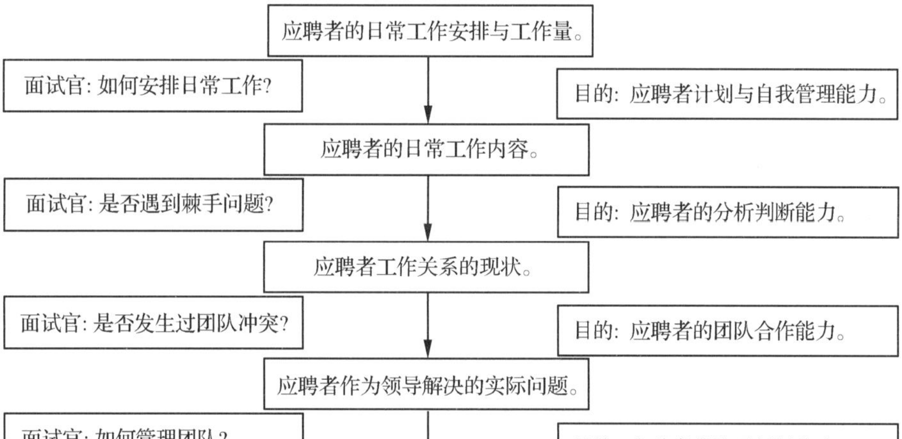

图 4-2　问题回答思路图示二

3. 从面试回答逻辑入手

回答面试问题需要注重逻辑结构，遵循 STAR 法则。“STAR”是 situation、task、action、result 的首字母缩写。

（1）STAR 法则第一步：明细你的情况（situation）或任务（task）。

明确你的任务是① 什么类型的，② 怎样产生的，③ 当时的情况是怎样的。

（2）STAR 法则第二步：决定你的行动（action）。

明确你④ 针对这种情况的分析，⑤ 决定的行动方式。

（3）STAR 法则第三步：确定结果（result）。

最后告诉面试官⑥ 结果怎样，⑦ 在这样的情况下你学到了什么。

根据以上七点，你能够非常轻松地掌握面试官所偏好的描述事物的逻辑方式，在回答问题的时候，按照上述法则去组织你的语言表述，可以很容易地展现出自己分析、阐述问题的清晰性和逻辑性。

【STAR 法则的运用】

面试官：你的简历上提及你策划组织了一次关于矿泉水的大型销售活动，能否详细描述一下？

应聘者：① 这是一项由我们市场部和销售部联合策划的针对大型超市的销售促进活动，当时我担任这个项目的负责人。

② 由于时值夏季，是矿泉水的销售旺季，为了增强产品的相对竞争力和市场占有率，提升销售量，我们发起了这样一次大型售卖活动。

③ 我们当时面对的困难是，同类产品大量涌入市场，我们的产品在超市占有率不高，消费者对我们的产品品牌了解不多。

④ 经过项目小组全体讨论，我们认为在十大卖场配备促销人员进行宣传、路演是提高品牌知名度和销量的最好方式。

⑤ 我们拟定了行动计划，有人负责确认场地的事宜，有人负责……

⑥ 最终我们的活动获得了巨大成功，其间共有 16 万人次参与了活动，消费者反响很好，销售量上升到平常的 3 倍，最主要的是我们通过此次活动在各大卖场打开了销路，吸引了许多顾客。

面试官：那么你在整个过程中最大的收获是什么？

应聘者：我在这项活动中最大的收获是……

4. 从如何准备面试着手

在参考了很多的面试攻略后，大家肯定会因各种各样的问题头疼不已。事实上，经过删繁就简，我们会发现，应聘者在进行面试准备时，无非需要思考这样两个问题：一是我所应聘的职位需要什么样的能力素质，二是我具备什么样的能力素质。

应聘者面试准备路线图如图 4-3 所示。

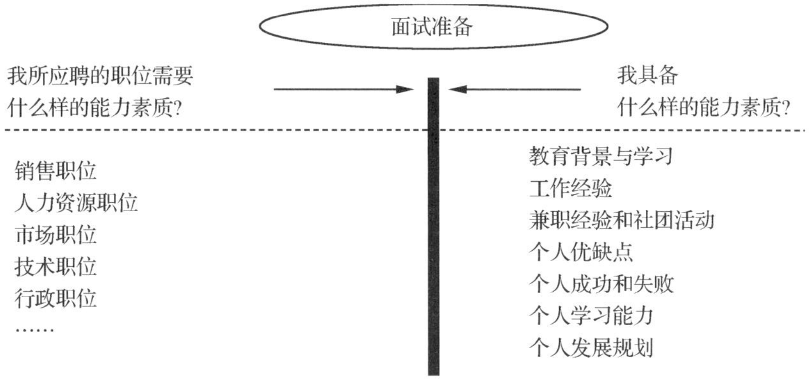

图4-3　面试准备路线图

（二）面试常见问题及应答思路

面试过程中，面试官会向应聘者发问，而应聘者的回答将成为面试官考虑是否录用的重要依据。对应聘者而言，了解这些问题背后的用意至关重要。这里对面试中经常出现的一些典型问题进行了整理，并给出了相应的回答思路。

1. 问题一：请你自我介绍一下

思路：① 这是面试的常见题目；② 介绍内容要与个人简历相一致；③ 表述方式上尽量口语化；④ 要切中要害，不谈无关、无用的内容；⑤ 条理要清晰，层次要分明；⑥ 事先最好以文字的形式写好背熟。

2. 问题二：谈谈你的家庭情况

思路：① 家庭情况对于了解应聘者的性格、观念、心态等有一定的作用，这是招聘单位问该问题的主要原因；② 简单地罗列家庭人口，宜强调温馨和睦的家庭氛围；③ 宜强调父母对自己教育的重视；④ 宜强调各位家庭成员的良好状况；⑤ 宜强调家庭成员对自己工作的支持；⑥ 宜强调自己对家庭的责任感。

3. 问题三：你有什么业余爱好

思路：① 业余爱好能在一定程度上反映应聘者的性格、观念、心态，这是招聘单位问该问题的主要原因；② 最好不要说自己没有业余爱好；③ 不要说自己那些令人感觉不好的爱好；④ 最好不要说自己仅限于读书、听音乐、上网，否则可能令面试官怀疑应聘者性格孤僻；⑤ 最好能有一些户外的业余爱好来“点缀”自己的形象。

4. 问题四：你最崇拜谁

思路：① 最崇拜的人能在一定程度上反映应聘者的性格、观念、心态，这是面试官问该问题的主要原因；② 不宜说自己谁都不崇拜，不宜说崇拜自己；③ 不宜说崇拜一个虚幻或不知名的人；④ 不宜说崇拜一个明显具有负面形象的人；⑤ 所崇拜的人最好与自己所应聘的工作能搭上关系；⑥ 最好说出自己所崇拜的人的哪些品质、思想感染、鼓舞着自己。

5. 问题五：你的座右铭是什么

思路：① 座右铭能在一定程度上反映应聘者的性格、观念、心态，这是面试官问这个问题的主要原因；② 不宜说那些易引起不好联想的座右铭；③ 不宜说那些太抽象的座右铭；④ 不宜说太长的座右铭；⑤ 座右铭最好能反映出自己的某种优秀品质。

6. 问题六：谈谈你的缺点

思路：① 不宜说自己没缺点；② 不宜把那些明显的优点说成缺点；③ 不宜说出严重影响所应聘工作的缺点；④ 不宜说出令人不放心、不舒服的缺点；⑤ 可以说出一些对于所应聘的工作“无关紧要”的缺点，甚至是一些表面上看是缺点，从工作的角度看却是优点的“缺点”。

7. 问题七：谈一谈你的一次失败经历

思路：① 不宜说自己没有失败的经历；② 不宜把那些明显成功的经历说成失败的经历；③ 不宜说出严重影响所应聘的工作的失败经历；④ 不宜谈及结果明确是失败的经历；⑤ 宜说明失败之前自己曾信心百倍、尽心尽力；⑥ 宜说明仅仅是由于外在的客观原因而失败；⑦ 失败后自己很快振作起来，以更加饱满的热情面对以后的工作。

8. 问题八：你为什么选择我们单位

思路：① 面试官试图从中了解应聘者的动机、愿望以及对此项工作的态度；② 建议从行业、单位和岗位这三个角度来回答，如“我十分看好贵单位所在的行业，我认为贵单位十分重视人才，而且这项工作很适合我，我相信自己一定能做好”。

9. 问题九：对这项工作，你有哪些可预见的困难

思路：① 不宜直接说出具体的困难，否则可能令面试官怀疑应聘者的能力不行；② 可以尝试迂回战术，说出自己对困难所持有的态度——工作中出现一些困难是正常的，也是难免的，但是只要有坚忍不拔的毅力、良好的合作精神以及事前周密而充分的准备，任何困难都是可以克服的。

10. 问题十：如果我录用你，你将怎样开展工作

思路：① 如果应聘者对于应聘的职位缺乏足够的了解，最好不要直接说出自己开展工作的具体办法；② 可以尝试采用迂回战术来回答，比如，首先听取领导的指示和要求，然后了解和熟悉有关情况，接下来制订一份近期的工作计划并报领导批准，最后根据计划开展工作。

11. 问题十一：与上级意见不一致，你将怎么办

思路：① 一般可以这样回答——我会给上级以必要的解释和提醒，在这种情况下，我会服从上级的意见。② 如果面试官是一位经理，而应聘者所应聘的职位对应另一位经理，且这位经理当时不在场，可以这样回答——对于非原则性的问题，我会服从上级的意见；对于涉及公司利益的重大问题，我希望能向更高层领导反映。

12. 问题十二：我们为什么要录用你

思路：① 最好站在招聘单位的角度来回答；② 招聘单位一般会录用这样的应聘者

——基本符合条件、对这份工作感兴趣、有足够的信心，如“我符合贵单位的招聘条件，凭我目前掌握的技能、高度的责任感和良好的适应能力及学习能力，能够胜任这份工作。我十分希望能为贵单位服务，如果贵单位给我这个机会，我一定能成为对贵单位有用的人”。

13. 问题十三：你能为我们做什么

思路：① 基本原则为“投其所好”；② 回答这个问题前应聘者最好能“先发制人”，了解招聘单位期待这个职位所能发挥的作用；③ 应聘者可以根据自己的了解，结合自己在专业领域的优势来回答这个问题。

14. 问题十四：你是应届毕业生，缺乏经验，如何能胜任这项工作

思路：① 如果招聘单位对应届毕业的应聘者提出这个问题，说明招聘单位并不真正在乎“经验”，关键看应聘者怎样回答；② 对这个问题的回答最好要体现出应聘者的诚恳、机智、果敢及敬业，如“作为应届毕业生，在工作经验方面的确会有所欠缺，因此在读书期间我一直利用各种机会在这个行业里做兼职。我也发现，实际工作远比书本知识丰富、复杂。但我有较强的责任心、适应能力和学习能力，而且比较勤奋，所以在兼职中均能圆满完成各项工作，从中获取的经验也令我受益匪浅。请贵公司放心，学校所学及兼职的工作经验使我一定能胜任这个职位”。

15. 问题十五：你希望与什么样的上级共事

思路：① 通过应聘者对上级的“希望”，面试官可以判断出应聘者对自我要求的意识，这既是一个陷阱，又是一次机会；② 最好回避对上级具体的希望，多谈对自己的要求，如“作为刚步入社会的新人，我应该多要求自己尽快熟悉环境、适应环境，而不应该对环境提出什么要求，只要能发挥我的专长就可以了”。

二、面试实战案例分析

（一）说明教育背景的案例

案例分析

面试官：你就读于电子商务专业，能否介绍一下所学内容？你的专业成绩如何？

应聘者：我的专业课程包括涉外文秘、国际贸易实务、函电与单证、进出口业务、人力资源管理、物流英语等，成绩基本位于班级前20%。

面试官：很多人认为大学专业教育的内容对未来工作帮助不大，你如何看待这个问题？

应聘者：这个问题没有绝对的答案，我认为应该从两方面来看。一方面，对于一些特定的工作而言，如信息技术、工程管理、科学研究等，大学专业教育的内容不但有帮助，而且是必需的，因为学习的内容是掌握未来工作的专业技术的基础。另一方面，对于一些管理、文化等非技术类的工作而言，如文秘、翻译、市场、销售、人力资源等，大学专业教育最重要的作用在于培养学生思考问题、解决问题的能力及学习知识、运用知识的能力。只要学生能够通过专业学习培养这些能力，无论学什么专业都可以从事这些工作。

【分析】

此类问题应根据具体应聘的职位来回答，如果是专业技术性强的工作，应突出自己的专业背景和技术能力；对于一些专业壁垒不强的岗位，如行政、管理、销售等，可以突出自己的能力素质，比如思维能力及学习能力。

该应聘者能够从百分比的角度说明自己的专业成绩，这比仅仅给出一个数字有力得多，实为上策。对于面试官有关“大学专业教育”的问题，应聘者回答的思路非常清晰（图 4-4）。

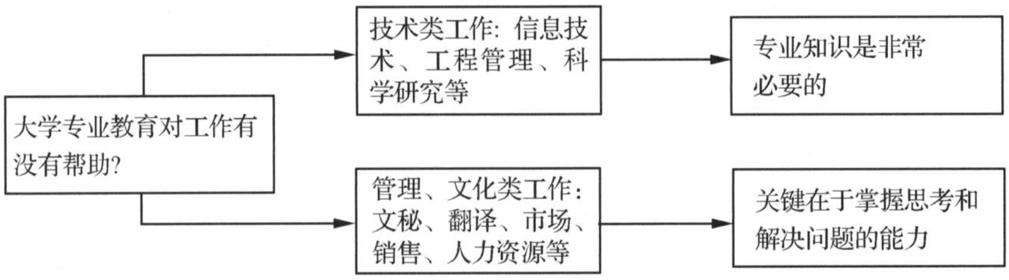

图 4-4　问题思路解析图

（二）说明工作经验的案例

案例分析

一

面试官：你的简历中提及，你曾经在某大型制造业企业担任行政管理专员，请问你的具体职责是什么？

应聘者：我的基本工作是处理各类行政事务，包括会议、接待、对外联络、文件传送等。

面试官：能否介绍一下你主持过的某一次会议？

应聘者：可以的。首先，我有着非常明确的两点目标：第一，关注各个环节，提高会议的效率；第二，通过会议展示公司的文化。

针对第一个目标，我首先进行了会议的规划，确定会议的主旨 PPT，听取总经理的意见，确定会议议程，确定会议所需设备和文件，确定协助人员。针对第二个目标，我遵循公司的价值观和企业精神，在来宾接待、礼品准备、宾馆联络、会议组织和会议过程控制中体现出精益求精的追求，座位安排、会场布置、文件分装和定位都给人以严谨、精益的风格，我致力于通过组织活动来输出我们的企业文化，这给来宾留下了深刻的印象。

面试官：会议确实要做好提前的规划，但是在实际操作中，很多时候并没有最终实现这些目标，你认为原因在哪里？

应聘者：我完全同意您所说的，组织会议经常会出现或多或少的问题，不尽如人意。我认为，最重要的一点在于我们具体主持的人员一定要改变随意的习惯，不因事小而不为。此外，我们也可以对会议组织进行标准化管理，建立会议规范，说到底，关键是需要改变人的思想。但每个人的思维、工作习惯都是具有定式的，一旦他们习惯了某一种方式，可能短期内很难改变。

【分析】

该应聘者的回答非常专业，并且能够突出他是一个善于思考、总结且目标十分清晰的人。

首先，该应聘者在描述个人职责时，突出了自己的项目管理经验，而不是仅仅泛泛地描述一些一般性的职责，很好地引导了面试官来针对他擅长的领域和闪光点提问。

其次，该应聘者描述项目具体内容时逻辑清晰，且有效地把握了工作目标，汇报了工作结果。

最后，该应聘者第三回合的回答很好地呼应了面试官的提问，一方面，这非常容易引起面试官的共鸣；另一方面，体现了自己的项目运作心得和思考问题、分析问题的能力。

二

面试官：你在简历中提及曾经在某银行的信用卡业务部工作，你的日常工作是什么？

应聘者：我主要负责协助开拓业务，统计业务数据并做基础分析。在我工作期间，我还参与过某银行的信用卡业务的推广活动，协助策划、实施信用卡业务在校园的推广。

面试官：你觉得你对于所在部门的最大贡献是什么？

应聘者：事实上，这样一家银行的业务流程和操作模式都是非常成熟的，而我在刚毕业就进入这样一家银行，主要以学习为主。我认为我对所在部门最大的贡献就在于从一个刚离开校园不久的新员工的视角给出信用卡在校园推广的建议。学生虽然没有很强的购买力，但是长期来讲，他们将是一个巨大的信用卡潜在消费群体，因此，把握学生的心理进行宣传和推广就是我最主要的贡献。

【分析】

该应聘者能够正视自身在原先工作团队中所处的位置，并没有过分夸大自己的工作范围和成果，给了面试官诚实正直的初步印象。同时，他也从独特的视角告诉了面试官自己的工作经验，既诚实可信又给人以耳目一新的感觉。对于很多应聘者来说，如何在合理可信地描述自己的实习过程的同时，又能突出自己的闪光点，这种处理方式是很好的借鉴。

（三）说明兼职经验和社团活动的案例

案例分析

一

面试官：你曾经在学校里的超市勤工俭学，说说你有什么收获？

应聘者：首先，通过勤工俭学来获得一份收入，可以贴补我的生活费用，减轻父母的压力；其次，我通过这样的方式，加强了自己的独立意识，培养了一种独立生活的能力；再次，学生超市在学校里也是社团的一种，我觉得加入这样一个组织，能和很多人一起努力，给了我很强的集体归属感。

面试官：据我所知，这样一份兼职会占用你很多的时间，你是如何平衡工作和学习之间的关系的？

应聘者：是的，这份兼职占用了我相当多的时间，但我并没有放弃学习，毕竟作为一名学生，学习才是最主要的。在工作中我是非常努力的，同时这种态度也贯穿我的学习之中；不可避免地，我也牺牲了相当多娱乐休息时间用于学习。因为我明白，既然我选择了做兼职，我就必须要牺牲一些原本可以用来放松的时间。所以，回望大学这几年，我可以说是工作、学习两不误。

【分析】

很多学生都会有参与学校的一些实体或社团的经历，但不是每个人都能成为实体或社团的领导者。上面的应聘者就从学校里学生超市的一名普通成员的角度，很好地描述了自己的收获，强调了他的独立意识，很能打动面试官；同时该应聘者又很好地阐述了如何平衡学习与兼职之间的关系，明确了以学习为本的原则，这也是至关重要的。

二

面试官：作为班长，你主要的职责有哪些？

应聘者：我的职责是统筹管理班级同学的学习和生活，定期组织班会并且开展班级活动，协调八名班级委员管理好班级的各项事务。

面试官：你觉得在你的任期内，在你组织过的活动和管理的事务中，哪一项是让你最有成就感的?

应聘者：我认为最有成就感的是我组织的一次“破冰活动”。由于我们班级一共有六十余人，大家来自全国各地，文化背景和生活习惯均有所不同，虽然相处了一年，仍然有不少同学互相之间不熟悉。而“破冰活动”的目的就是要打破这种隔阂与陌生感。在这次行动中，我们组织的一个经典活动就是“各地文化大家谈”，让来自全国各地的同学分享家乡的旅游景点、文化习惯。这个活动获得了非常好的反馈，一方面，不少同学很高兴能有机会与大家分享自己的所见所闻；另一方面，其他同学也十分愿意通过这样的方式去了解各地的风土人情。

【分析】

该应聘者针对第二个问题所举的例子十分生动、有力，容易给面试官留下深刻的印象。组织这样一次具有创意的活动使得班长的职责变得更为具体和生动起来。

对于应届毕业生，没有具体的工作经验，兼职、社会实践以及社团活动经验是面试官了解应聘者能力和潜力的最主要的方面。应聘者对于这类问题的回答应给出充分的信息，表现自己的能力。

（四）说明个人优缺点的案例

案例分析

一

面试官：你认为自己最大的优点和缺点是什么?

应聘者：我最大的优点是比较细心、耐心。无论面对多么复杂枯燥的数据处理工作，我都会尽量做到分毫不差；无论事情多么烦琐细微，我都会努力使其有计划地进行。我在学院学生会担任秘书长的工作，负责的事务是非常烦琐细微的，但是我的特长就是使其有计划地进行，协调各方的工作，确保各个方面都不会出问题。

而我最大的缺点也是由我的优点衍生出来的，因为我认为时间、成本和质量是相互制约的，有的时候我会为了工作的质量而牺牲时间，但在以后我会注意，在处理一些不需要高精确度的工作时能够平衡时间和质量的关系。

二

面试官：如果请你担任一个团队的领导者，你认为自己最大的优势和劣势是什么?

应聘者：我认为自己最大的优势是比较稳重踏实，具有实干精神，十分有责任心。

对于一项工作，我会把它的方方面面都尽量考虑到位，清楚地分析它的利弊得失，预判可能的结果，我比较希望对一项工作有一定的了解后再去做。作为一名团队领导者，对于一些突发的紧急情况，我也能够沉着冷静地处理。而我最大的劣势可能就是我并不那么习惯于创新，但并不是说我不能够创新，而是我可能首先考虑的是如何有效地实施，在一开始就否决掉许多我认为无法实施的想法。

【分析】

应聘者在回答这类问题时，对于缺点（劣势）的回答需要慎重，在面试之前就分析应聘职位所需的能力素质，要避免自己提及的缺点恰好是这个职位不可或缺的能力要求。另外，应聘者还可以强调对缺点（劣势）的改进方案，给面试官留下知错能改的好印象。需要准备几个具体事例来丰富自己的描述，增加可信度。

（五）说明个人成就和失败的案例

案例分析

一

面试官：是否可以和我分享一下你在学习、生活、社团活动和工作中所获得的最大的成功和失败?

应聘者：我认为我最大的成功是在“挑战杯”年度创业计划大赛上获得江苏地区的二等奖。当时我和另外三名同学组成了一个团队参加该比赛，我们的主题是“车载广告在实际生活当中的运用”。由于我本身是学理科的，在这之前对经济管理知识一无所知，所以在那段时间都是边学习边准备比赛，度过了无数个不眠之夜。最终通过努力，我们获得了江苏地区的二等奖。我最高兴的一刻就是在赛场上进行总结性陈述的时候，虽然上台演讲时我非常紧张，但是演讲结束时团队成员认可的眼神和台下热烈的掌声让我相信自己是成功的。因为我是一个乐观的人，在我的词典里没有“失败”这两个字，要有也只是“遗憾”。如果一定要我说出一个，那就是在“挑战杯”年度创业计划大赛上因为名额限制而没有入围全国比赛，我认为我应该可以做得更好。

【分析】

应聘者描述自己的个人成功与失败时，需要把握失败描述的尺度。尽量不要令面试官感到这一失败意味着应聘者具有某方面的缺陷或能力、性格的不足。可以运用偷换概念或从失败中总结经验来弥补失败的策略，但不要一味回避，可以依面试官和应聘者的具体情况而定。

该应聘者充分描述了他从完全不懂经济管理知识到参与比赛并得奖，这是十分难能可贵的，因为他向面试官证明了自己的学习能力和进取心。

二

面试官：是否可以和我分享一下你在以往的工作中最大的成就和失败？

应聘者：我最大的成就是帮助了一家民营企业扭亏为盈。作为一名咨询顾问，我主要的工作是负责为大学生进行就业指导和提供企业管理咨询服务。当时有一家亏损的民营企业希望我们能为其提供管理咨询服务，使其能正常运作并赢利，我主动接下了这个项目。我在前期收集了大量的信息，经过了解调研我发现，这家企业的主要问题在人才的吸收和利用上。用大量的资金引进的技术和人才，都没有真正地发挥作用。我根据其实际情况，分析了所有岗位的工作，明确了岗位职责，确立了人才引进和激励机制。通过这一系列的措施，企业在一年内重新赢利。虽然我后来又多次获得成功，但这是我在企业咨询服务方面的第一次成功，我把它作为我至今最大的成功。而最大的失败是有一次我对企业内部的一些实际情况没有考虑周全，在实施咨询方案时，客户领导班子内部出现了分歧，导致我们的方案没有被贯彻实施。这件事告诉我，在咨询的前期要更加了解客户的实际情况，根据客户的实际情况来做出切实可行的咨询方案，这样才能真正使客户满意，也使自己的工作有效果。

【分析】

该应聘者对于失败事例的选择十分聪明，既没有忽视自己的责任，但也不承担失败的全部责任，并在最后阐明了自己从中吸取的教训，这是很好的做法。

（六）说明个人学习能力的案例

案例分析

一

面试官：你认为在你过去三年的学习过程中最主要的三个学习点是什么？

应聘者：首先，我认为是专业知识。在过去的三年时间里，我掌握了行政管理的基础知识，对管理的一些基本操作有了一定的了解。其次，是一种学习知识的能力和思维方式。进入大学以后，自学占了很大一部分，我学会根据自己的需要有选择地学习，而且明白了最重要的学习内容往往不是知识本身，而是想问题、分析问题和解决问题的思维方式。最后，是独立意识。这不仅仅体现在生活上，更体现在对自己前途的规划上，要做什么、怎么做都要自己来选择。

【分析】

该应聘者从知识、能力和素质三方面阐述了自己在大学中的主要学习点，全面表现了自己是一名优秀的毕业生。这样的一种描述方法能够非常有效地使面试官对该应聘者能在未来胜任工作充满信心。回答该问题的思路解析见图 4-5。

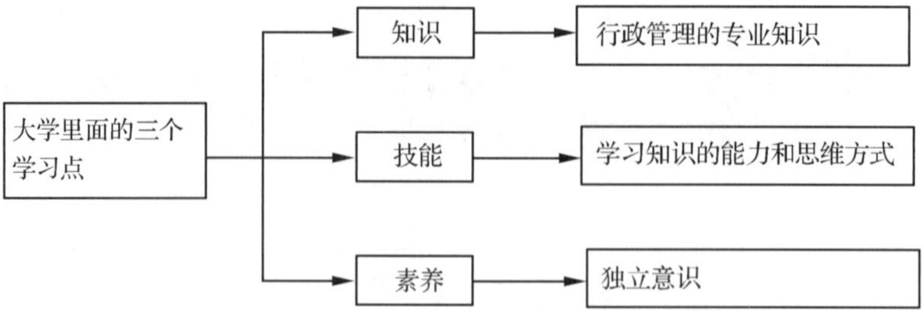

图 4-5　问题思路解析图

二

面试官：翻译是一份需要不断学习的职业，能否给出一个你快速学习解决工作问题的实例？

应聘者：作为一名翻译，我认为至今我最大的成功是为公司完成了一次设备手册的翻译。当时公司成立不久，引进了一批设备，由于缺乏人手，总经理要我来负责所有设备手册的翻译工作。我本身是学商务英语的，对于机械设备不甚了解，所以在一开始我十分担心不能按时完成任务。为了克服自己这方面的不足，我看了许多相关的资料，查阅了很多类似设备的手册，边学习边着手翻译，并组织其他同事一起讨论、修改。虽然每天只能睡几个小时，但是最后我终于完成了所有手册的翻译，并得到高层的好评。在后来的设备安装及使用中，我的翻译也被证明是十分准确的。

【分析】

该应聘者虽然是一名商务英语专业毕业的翻译，但是用翻译机械设备手册的事例来阐述自己的成功，是十分新颖的。利用这个例子，应聘者既强调了自己对新知识的接受和学习能力，也把作为翻译本身的相关能力蕴含其中。

回答这一类的问题，应注意对事例的描述要尽量清晰，给出当时情况是怎样的，为什么学习，怎样学习，最终达到怎样的效果。这样可以使面试官很快抓住你回答中的重点，了解你的学习能力。

（七）说明个人发展规划的案例

案例分析

一

面试官：你在未来三到五年内的规划是怎样的？你希望五年后的自己是什么样子？

应聘者：对于这个问题呢，我想先谈谈我是如何选择行业（职业）的，首先我的兴趣是……，其次我的优势是……，结合这两点我选择了……行业（职业），这是一个可以将我的兴趣和工作结合起来的行业（职业），是我非常喜欢的，所以我会很用心地对待……岗位。说到职业规划，近三至五年，我打算在……行业做到……成绩，希望可以稳步提升，持续学到更多的知识，后续可以在……行业……岗位独当一面，独立负责……事务，解决……问题。谈到远期规划，我会根据环境和工作内容的变化，以及我自身能力的变化不断进行调整。

二

面试官：你未来的职业规划是怎样的？如果要给你的人生制定一个目标，你会如何制定？

应聘者：我希望花几年时间在一个领域的岗位上工作，学习实际的工作技能，然后找到一个自己喜欢的确定方向，根据实际情况选择全职或在职方式继续深造。在40岁左右，我希望能够进入高校，成为一名大学专职教师，把工作中实用的技能和学术内容完美结合，更有效地传授知识，帮助我的年轻校友们更好地成长。我认为这是我想要的人生。

【分析】

对于这类问题的回答没有统一的答案，无论是希望成为职业经理人，还是要出国留学或其他，你都可以突出“在企业一天，就会为企业尽力工作一天”的想法，这样会使面试官认为你是一个诚信的员工，增加面试官的好感度。

原则上，对于毕业生而言，表现出自己希望毕业之后加入所应聘的公司的意愿还是非常重要的。

（八）关于角色扮演问题的案例

案例分析

一

面试官：如果你现在是一名经理，发现你的一名下属的行为违反了公司的行为准则，并且涉及一些财务问题。但他的工作表现十分优秀，又是你非常信任的员工，与你的个人关系也很好，你会怎么处理？

应聘者：首先，我会搜集一些材料，对情况进行核实，以免发生不必要的误会。等事情确定以后，我会根据事情的严重性做出判断：如果他触犯的是公司原则性的问题，那我会根据公司的规定进行处理，很可能就是开除他；如果事情相对不那么严重或者在过程中有十分特殊的原因，我会与我的上司进行讨论，然后进行处理。但无论怎样，原则上的衡量标准是公司的规定。

【分析】

该应聘者能够做到首先客观地收集信息，确认事实，说明他处理问题的思路与方法很成熟。他能够根据事情的严重程度分别进行处理，且自始至终都尽可能地保持客观的态度，根据公司的准则处理问题；同时，他处理问题又保持了一定的灵活性。这样的回答可以使面试官认为他是一个处理问题非常冷静成熟、把公司利益放在首位、会按公司准则办事的人。回答该问题的思路解析见图 4-6。

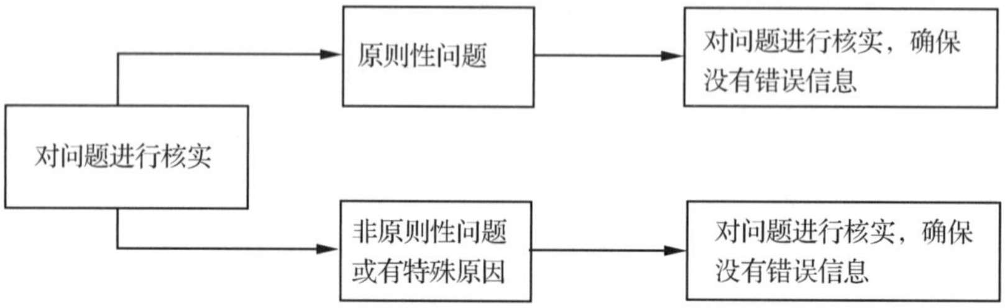

图 4-6　问题思路解析图

二

面试官：如果你已经成了我公司的一名主管，由你负责管理一个项目。在项目的团队中一共有六人，在一次会议上，由于观点不同，产生对立的两方进行了激烈争论。这时，你作为领导者该如何协调？如果两方不能达成共识；你又会怎么办？

应聘者：首先我会聆听两方的观点和理由，并做出判断：如果我倾向于其中一方的观点，我会拿出数据和事实来说服另一方；如果我的观点是介于两者之间的，我同样会基于数据和事实来证明我的立场。如果最后大家能够达成共识自然最好；如果不能，我会坚持我的观点，但允许持保留意见的同事拿出更多的数据来和我沟通。总之，我的原则是，基于数据与事实，每一位同事都有权表达自己的观点，我会尽量让大家达成共识；如果不行，那作为领导者，我会做出一个决定。

【分析】

该应聘者能够基于数据和事实说话，充分表现了他处理问题的成熟性，既不独断专行，也不做“和事佬”，这非常符合企业对员工的要求。

（九）说明对相关职位理解的案例

案例分析

一

面试官：你应聘的是供应链专员的职位，你认为你有能力胜任吗?

应聘者：我认为作为一名供应链专员必须具备三种能力：第一是分析能力和统筹能力。我在学校里担任的是学习部长，我自信我的分析能力和统筹能力是比较强的。第二是沟通能力和团队合作精神。在我参加的社团和兼职中，我所担任的职位都需要广泛地与他人进行协作，进行沟通，所以在这方面我对自己有很大的信心。第三是敬业精神。我认为这个岗位是一份繁忙而又需要细致不出差错的工作，工作的责任很大，压力也很大，所以敬业精神就十分重要，而我恰恰具备这样的敬业精神。

二

面试官：我在你的简历上看到你原来担任的是行政秘书一职，而你现在应聘的是市场管理部的职位，能谈谈你对市场管理部工作的理解吗?

应聘者：我认为市场管理部门的工作就是通过市场信息来分析消费者的心理、偏好，使公司的产品具有个性，与众不同，在同类产品中更具有竞争力，瞄准特定的客户群体，挖掘尚未完全开发的市场。虽然我过去担任的是行政秘书一职，但是我在此期间也参与了市场部门的一些项目，对市场管理部的工作有一定的了解和认识。同时我具备一名市场管理人员所必须具备的很高的创新意识和分析能力，又能把担任行政秘书的细心、敏锐带到新的工作中去，而我曾经在市场部参与项目的经验和良好的学习能力、适应能力，也能够使我快速地投入市场管理部的工作。

【分析】

该应聘者不仅思路清晰，明确回答了自己对市场管理部门工作的认识，而且表明了自己具有胜任这个职位的能力，这是十分重要的。

在回答这类问题时，首先要明白，面试官不仅希望知道你对应聘职位的理解，更想了解你是否具有胜任这个职位的能力素质，所以你自然可以在回答中列举一些你具备的这个职位所需的能力。你还可以准备一些相关案例，以备面试官追问。

三、典型岗位面试实录

（一）销售岗位面试实录

面试官：你好，我是这家保险公司的销售经理，很高兴见到你。接下来我们将进行约半小时的面谈。我希望能了解一下你是否适合我们公司的这个职位。首先，请你做一下自我介绍。

应聘者：我叫李俊，毕业于××学院大数据专业，是应届毕业生。我从网上了解到贵公司正在招聘销售专员，非常感兴趣。

面试官：那你为什么会来应聘这个职位呢？

应聘者：作为一名应届毕业生，我希望自己的第一份工作充满挑战，可以丰富自己的经历。作为销售专员，会遇到各种类型、不同层面的人，这可以磨炼自己。因为我刚刚踏入社会，开始工作时遇到挫折在所难免，但我相信，虽然选择保险业的销售专员这个职位比选择自己专业的工作要来得辛苦，但我会得到更多的锻炼，遇到更多的机会，对自己的未来成长也比较好。

面试官：你读的大数据专业，也是当下比较热门的专业，现在你放弃它来做销售，会不会感到遗憾？

应聘者：或许有一点遗憾，但我更希望面对挑战。我说过我对自己有一个定位，我希望所从事的工作首先是自己感兴趣的，其次是适合自己的。作为保险业的销售专员，我认为我的工作不仅仅是把产品推销出去，在这个过程中也会涉及许多经济、财务的数据问题，这同样可以锻炼自己，发挥我的专业优势。

面试官：来应聘我们公司这个职位的有非常多的名校本科毕业生，你认为你有什么理由能够说服我，你比他们更优秀，更适合这个职位呢？

应聘者：虽然我毕业的学校不算什么名校，但我认为，个人适不适合这份工作并不是看他毕业于哪里，而是要看应聘者的多方面综合素质，如学习能力、运用知识的能力以及广博的见识等。我认为在这些方面，我都是有很强实力的。

我可以举一个例子来证明这一点。我虽然是大数据专业的，但是我的英语口语能力很强。在大学期间，我有幸担任过太仓市“郑和杯”中德青年创新创业大赛的翻译志愿者。在一次休息的时候，一名外国朋友想和我们这些大学在校生开一个玩笑，所以就和他的翻译说“I want to go to the John's.”。这其实是美国的一种口语化的说法，是“我想去洗手间”的意思。但因为当时大家都不清楚美国的这种口语化的表达方法，还以为他要见一位叫 John 的人，所以翻译中一位恰好叫 John 的人就急忙跑过去。但我恰好在以前的一个英语培训班学过这个口语化的表达方法，所以我就解释给大家听。这件事给了我很大的信心。我想，一个人的教育背景、学校的好坏并不是那么重要，重要的是他在学校里学到了什么，是否具备运用知识的能力。

面试官：我从你的简历中也看到你曾经获得了诸如优秀毕业生、奖学金等荣誉和奖励，你认为你和你的同学有什么不同，为什么能够获得这些荣誉和奖励？

应聘者：我认为最主要是自己的努力。在大学里，自由度很大，没有老师每天来管你是否学习，也不会有人来要求你学什么，都是靠自己的自觉。如果你对自己没有具体要求，每天安于现状，或许现在毕业要找一份安稳的工作也不很难。但如果对自己有规划，希望自己的未来会更进一步，那获得这些荣誉和奖励无疑是进入好的企业、找到好的工作的基础。正是这样的想法和对未来的规划，激励我不断努力学习。

面试官：你已经介绍了你的这些荣誉和奖励来自自身的努力，我也在简历中看到，你不仅获得了许多奖项，更有丰富的实习兼职经历。请问，在这些经历中，你认为你最大的成就是什么？最大的失败又是什么？

应聘者：让我感到有成就感的事很多，哪一个是最大的成就很难说。我能说一下在这些成就中我印象最深刻的一个吗？

面试官：可以。

应聘者：我们在大学二年级的下学期开了市场营销课程，在实训环节中，我们被安排到一家汽车销售服务店做一天的销售。当时，实训老师告诉我们："作为一名销售业务员，我们卖的并不是自己的产品，而是我们自己，是顾客对我们本身的信任。"通过一天的实践体验，我深刻感受到一名好的销售业务员要做到三点：建立对产品的信心，建立客户对你的信心，把你对产品的信心通过客户对你的信心传递出去。这段经历让我印象深刻。

面试官：那你觉得对你而言比较失败的又是什么呢？

应聘者：最失败的可能是我大二时的一件事。当时，太仓电视台组织"主持人大赛"，我进入了复赛。由于当时我的心态不是很好，在一次即兴问题的回答中发挥严重失常，使我以一名之差与"十佳"失之交臂。这件事我到现在仍然感到遗憾，是我大学阶段最失败的一件事。

面试官：如果给你一次重来的机会，你会做哪些改善呢？

应聘者：最主要的就是心态问题。当时，我进入复赛一路都很顺利，学校里的同学和老师对我的期望也很高，我也感觉自己一定能进入决赛。可就是这样的想法，使我在回答即兴问题时很冲动，没有利用时间好好考虑，只是脱口而出讲了一些自己都不可想象的答案，导致了我的失败。如果给我一次重来的机会，我会把我的心态调整好，让心平静下来。还有就是要在事前做好失败的准备，不能太骄傲。

面试官：你对销售工作的职责等有一定的了解，你认为你的性格中哪些是最适合销售工作的，能推动你完成销售目标，又有哪些是会阻碍你从事销售工作的？

应聘者：首先，我比较有亲和力，和陌生人能够很快地熟悉起来。其次，我是那种坚强、乐观的人，就算在销售过程中遇到挫折，也不会被挫折打倒，我会很快站起来，重新面对问题，渡过难关。这些都是我从事销售工作的优势。至于阻碍因素，我想主要是我缺乏历练和社会阅历。因为我是一个刚实习的大学生，人际交往经验不多，我想这是我最缺乏的，也是必须通过较长时间才能够克服的。

面试官：我认为你缺乏社会阅历和经验是事实，但我想知道的是你的性格或者能力素质中有哪些是会阻碍你很好地完成销售工作的？

应聘者：我是那种坚持不懈，遇到困难反而会迎难而上的人，所以在遇到一些没有机会的客户时，我可能会死追到底，不肯放弃。但在今后的工作中，我会注意这些问题。

面试官：如果你的一个客户已经基本接受了服务，但价格仍然谈不拢，而你给出的价格已是公司的最低价格，这时你会怎么办？

应聘者：我会先再次强调服务的重要性。因为即便其他公司能够提供更低的价格，但一旦服务存在问题，势必留下后遗症，造成各类隐性损失，以致成本上升，反而得不偿失。如果仍不能说服客户，我会看看财务上是否有变通的可能，或者让出一部分我的奖励。如果还不行，我也不会当场答复，说我会回去再给他争取。然后在一两天后，我会告诉他，我已经和我的上级讨论过了，谁都希望以更低的价格买到东西，但在我的职权范围内，这个价格已经是最低的了，他也可以参照一下其他公司的价格。如果客户不买也没有关系，我们可以交个朋友，以后有问题可以打电话联络我，我只能这样了。

面试官：那我们今天就到这里，我已经没有问题再问你了，你还有什么问题问我吗？

应聘者：我希望知道什么时候能够收到面试的结果。

面试官：一旦被我们公司录用，我们会在两周内通知你；如果两周后仍然没有回音，那很遗憾，这次面试就没有结果了。

应聘者：好的，那我静候佳音。再次感谢您给我的时间和机会。

（二）技术职位面试实录

面试官：你好，我是研发部的经理×××，欢迎你来应聘我们的岗位。首先，你可以介绍一下自己吗？

应聘者：好的。我是来自××××学院药品生产技术专业的学生，我将于今年6月份从学校毕业。在学校期间，我学习了有机化学、化学制药技术、药物分离纯化技术等应用和理论方面的课程，成绩比较优秀，在班内是前10名的学生。同时，我担任了班长的职务，组织了“紫薇树支教 关爱留守儿童”的暑期实践项目，这个项目获得了当年学校的优秀项目奖。我兴趣广泛，热衷于参与公益活动。

面试官：谢谢你的介绍，从你的介绍中我可以看出你是一名非常优秀的学生。当然，我想了解得更详细一点，你可以谈谈你在大学生活中真正学习到了什么，你认为什么是最重要的吗？

应聘者：从知识的角度来讲，我学到了很多专业的知识，同时我的专业成绩还是相当优秀的；从能力的角度来讲，在大学的学习过程中，由于我所在的是理科专业，所以我形成了严谨的学习态度和周密的逻辑思维能力。

面试官：你知道，我们的工作是需要非常严谨的态度的，正如你刚才所谈到的。你可以举个具体的例子来说明一下吗？

应聘者：当然可以。我去年在实验室协助我的老师帮助一个生物医药企业设计一个产品的生产工艺。当时，我们是根据工厂给我们提供的一些数据来设计的，工作开始后，出于严谨考虑，我主动去工厂抽测了一些数据，结果发现工厂提供的数据有相当大的误差。于是，我对数据进行了修正，保证了整个项目的顺利进行，避免了后期不必要的修正与返工，也得到了老师和工厂的好评。

面试官：谢谢。那能否谈谈你的特点，你自认为适合我们这份工作吗？

应聘者：好的。首先我想讲一下我对研发这份工作的理解。我想，研发部的工作内容不仅仅是对产品配方的改进和创新，同时还包括了对产品受众意见和需求的搜集，以及产品成型后的消费者测试，不知道是不是这样？

面试官：是的，你对这份工作的理解非常正确。

应聘者：所以，一方面，从我的专业成绩上您可以看出，我做研发工作是有一定基础的，同时，我有着严谨的工作态度和锐意创新的精神。另一方面，在大学中担任学生干部的经历，培养了我很强的组织能力和领导能力，对将来进行消费者调查和产品测试类的工作很有帮助，我相信我可以协调和执行得很好。从我个人角度来看，我非常喜欢能在研发部里面工作的岗位。我觉得切身体验科技创新和产品创新给消费者带来的生活品质的改善，是一种非常棒的感觉。

面试官：是的，作为一名研发部的经理，我也和你一样，很喜欢这种感觉。顺便问一下，你在大学时有没有什么工作经历？当然，是指兼职的那种工作。

应聘者：我去年曾经在一家疫苗研发公司的研发部担任实习质量监控员。在那里，我主要从事质量监测的分析、评估与报告，当时领导我的经理对我的工作也比较满意。在工作过程中，我熟悉了质量监控工作的流程和方法，同时也大致了解了研发部工作的内容和职责，并进一步培养了自己严谨的工作态度和科学分析的能力。

面试官：好的，谢谢。我们的面试就进行到这里。请问你有什么问题吗？

应聘者：我想问一下，假如我可以加入贵公司，职业发展路径会是怎样的？

面试官：在刚开始工作时，你将会协助别人负责某一特定领域内的项目，如项目方案的筛选、测试等。随着专业知识和技能的增长，你会在项目中承担更多的重要职能。在成为有经验的研究人员后，你可以根据自己长远的职业发展意愿，选择在技术或管理方面得到进一步的发展。无论哪种选择，都会提供令你满意的回报。

应聘者：好的，谢谢您，我静候您的佳音。再见！

面试官：再见！

训练活动

1. 训练项目：模拟面试。

2. 训练要求：将教室布置成模拟面试现场，指定 3 ~ 5 种招聘职位（如行政专员、IT 工程师等）。组织若干同学分成两组，一组扮演用人单位面试官，一组扮演应聘者，进行模拟面试，面试题目可自行设计。

3. 训练讨论：

（1）在扮演用人单位面试官时，你是以什么标准来挑选应聘者的？

（2）作为应聘者，请对不同用人单位的招聘条件做一个简单的总结。

本章总结

大学毕业生要想在众多的竞争对手中脱颖而出，就必须要掌握必要的求职技巧，从容应对笔试和面试，在一次次的面试实战中不断磨炼自己、提升自己。即将步入职场的大学生们，每一刻都要胸怀梦想，每一步都应审慎和坚定，不断学习，懂得反思，持续改进，必然会“直挂云帆济沧海”，总有一天会拥有心仪的工作。

思考练习

1. 分组讨论，受新冠肺炎疫情的影响，招聘单位的面试形式发生了哪些变化。请举例说明。

2. 请每组准备三个在面试时最担心被企业招聘人员问到的问题，并给出答题思路，教师进行点评。

第五章 了解就业法规

学习目标

通过本章的学习和训练，你将能够：

- 提升保护自己就业权益的意识。
- 增强知法、用法、守法的意识和能力。
- 了解就业协议与劳动合同之间的区别。
- 掌握就业陷阱识别与维权的方法。
- 掌握劳动合同签订的注意事项。

案例导入

毕业生小明与某公司达成录用意向，工资底薪为 2 000 ~5 000 元，实际工资视能力而定，工作三班倒，包住。公司要求小明尽快把《就业协议书》[①] 寄送过去。身材瘦小、相貌不佳的小明在之前的求职中屡屡受挫，所以很珍惜这次机会，没有多想就在空白《就业协议书》上签上名并寄了过去。之后不久，小明到这家公司上班，发现原来口头承诺的三班倒变成两班倒，工作时间从 8 小时延长到 12 小时，而且还经常加班，发的工资都只是底薪，包的住宿是 12 个人住在一起。小明觉得公司故意坑骗他们，于是想解约。但公司拿出《就业协议书》，在违约金一栏填上高额违约金，然后向小明索赔。小明家里经济情况一般，面对高额的违约金小明只好忍气吞声。

案例讨论

1. 小明的哪些就业权益受到了侵害？
2. 小明在签订《就业协议书》时犯了什么错误？

职场如同球场，要想赢得胜利，必须熟知规则，遵循规则，运用规则，才能抢得先机，纵横捭阖，攻城略地。马拉多纳（Diego A. Maradona）是世界足球的超级大师，但

① 《就业协议书》指《全国普通高等学校毕业生就业协议书》。

回望他一路走来的绿茵之路，可以说精彩不断，困扰不断，几起几落，人们时常在为他喝彩的同时又会为之扼腕叹息。他是一个极富争议的人，有的人甚至把他看成是“麻烦制造者”，但他终有顿悟的一天。当在面对英格兰选手的故意侵犯时，他没有爆发，而是选择了克制，选择了遵守规则，不仅没有上对手的当，保护了自己，而且赢得了整个足球世界的尊敬，成就了自己。作为一个即将跨入职场的新人，你会不会也和马拉多纳一样能够“Know the game，play the game”，展现出耀眼夺目的光华来？

第一节　就业权益概述

【任务】 了解与就业相关的法律法规。

【目的】 提升保护自己就业权益的意识，增强知法、用法、守法的能力。

【要求】 掌握就业权益的相关内容。

故事案例

毕业生小王在新生入学教育的课上得知，现在的就业市场陷阱重重。网络技术专业的她除了在大学一年级时认真学好专业课外，还利用业余时间比较系统地看了《劳动法》《劳动合同法》《合同法》[①] 等法律法规，对于劳动就业的规定有了一个大致的了解。毕业签约时，单位提出“试用期八个月，试用期满后签订劳动合同”的要求，小王依据自己掌握的法律知识，以《劳动法》规定试用期最长不得超过六个月，试用期必须包含在劳动合同期限内为由与单位据理力争，最终使单位按照《劳动法》的规定签订就业协议，较好地保护了自己的合法权益。

在这个案例中，小王已经有了法律意识，并在之前已经比较系统地了解了法律法规，因此保护了自己的权益。但是，还有很多毕业生并没有像小王这样早做准备，也缺乏用法律保护自己的意识，因此，最终会“哑巴吃黄连，有苦说不出”。

① 《劳动法》《劳动合同法》《合同法》分别指《中华人民共和国劳动法》《中华人民共和国劳动合同法》《中华人民共和国合同法》。

一、就业权益

1. 就业权益概述

就业权益是指劳动者在就业过程中所拥有的权利和应该获得的利益。就业权益是一种合法权益，劳动者在国家法律允许的范围内所实现的就业及其权益受到法律保护。需要特别指出的是，任何权益都是和责任与义务连在一起的，权利、责任、义务是相等对应的。劳动者的就业权益也是和劳动者的就业责任、就业义务相互联系的。

2. 就业权益的内容

劳动者的就业权益主要可以分为就业之前的权益和就业之后的权益。

（1）劳动者就业之前的权益。

① 接受劳动就业训练的权益。劳动者在就业之前，为提高自己的劳动技能，增强就业能力，有权选择并接受相关职业技能的培训，这是我国宪法赋予公民的权益。

1994 年，原劳动部颁发《就业训练规定》。其中提出，应对初次就业的求职者、失业者、下岗职工、向非农业转移的农村劳动者提供就业训练，并应对长期失业者、妇女、残疾人、少数民族人员、复员转业军人等特殊群体提供专门的就业训练。就业训练可以由政府劳动部门举办，也可以由其他部门举办。

《中华人民共和国就业促进法》也规定，政府主管部门对有就业要求的初高中毕业生、失业人员、进城务工的农村劳动者、从事特殊工种的劳动者实行职业教育和就业训练，以培养和增强他们的职业技能、就业能力和创业能力。

高等职业教育是就业教育，其专业和课程是围绕着职业能力的培养和训练而开设的，很多高职院校推行“双证书”做法，学生毕业的时候不仅取得毕业证书，还取得职业资格证书，为毕业生择业就业创造了很好的条件。应该说，在接受就业训练方面，高职高专学生具有其他社会群体所缺少的优势。

② 公平地获取就业信息的权益。劳动者应该能够通过合法、公开的渠道获得充分的就业信息，就业信息的发布要符合法律的规定。《劳动合同法》规定，用人单位招用劳动者时，应当如实告知劳动者工作内容、工作条件、工作地点、职业危害、安全生产状况、劳动报酬，以及劳动者要求了解的其他情况；用人单位有权了解劳动者与劳动合同直接相关的基本情况，劳动者应当如实说明。

大学毕业生作为求职者，同样拥有公平地获取就业信息的权益。其中包含两层意思：一是就业信息的发布，无论是用人单位直接发布，还是通过学校就业部门发布，都应该面向全体求职学生，做到众所周知；二是所发布的就业信息应该包括劳动者需要了解的相关情况，不能有遗漏，更不能掩盖真实情况。

实际中经常出现的一个问题是：大学毕业生因为年纪轻、缺少社会经验，不是不想了解用人单位的情况，而是不敢去问，也不知道该了解哪些情况，茫然应聘，上岗之后才知道实际的情况和自己的设想相差很大；留下来心里觉得很勉强，退出来再找机会，心里又没有把握，进退两难。

③ 自由和平等地选择职业的权益。劳动者应该能够根据个人的职业倾向和利益取舍进行职业的选择，包括就业行业、就业单位、就业岗位、就业形式的选择。毕业生一定要有这样的认识：政府及有关机构制定的就业支持性政策和导向性政策，以及学校和有关机构提供的就业指导和咨询，乃至家长的意见，都不能替代自己的选择，任何机构和个人也不能强制要求其做出某种选择。这和广泛听取各方面的意见和建议是不矛盾的。事实上，只有认真听取别人的意见和建议，才能做出更好的选择。

④ 自主决定就业的权益。它主要是指在就业或不就业、何时就业、采取何种形式就业等问题上，在符合国家法律规定的前提下，在不妨碍他人利益的前提下，劳动者拥有自主决定的权利。劳动者就业权益的实现不因民族、种族、性别、宗教信仰等不同而受歧视。

当然，自主决定并不是自己说了算，想去哪儿就去哪儿，想干什么就干什么，想怎么干就怎么干。就业至少是双方的事情，要由求职者和用人单位在相互沟通的基础上共同决定。求职者愿意而对方不愿意，不行；对方愿意而求职者不愿意，也不行。但是，一旦双方做出应聘和聘用的决定，就要共同遵守。这是一个基本的责任和诚信的问题。现在，不遵守诺言的有用人单位，也有大学毕业生。这几年，毕业生违约现象屡有发生，已经成为人们关注的一个问题。一定要认识到，不讲责任、不讲诚信，就丧失了在社会上生存和发展的立足之地，其影响也许不在眼前，但一定会影响到今后的一生。

⑤ 接受就业援助的权益。《中华人民共和国就业促进法》规定，各级人民政府建立健全就业援助制度，采取税费减免、贷款贴息、社会保险补贴、岗位补贴等办法，通过公益性岗位安置等途径，对就业困难人员实行优先扶持和重点帮助。

就业困难人员是指因身体状况、技能水平、家庭因素、失去土地等难以实现就业，以及连续失业一定时间仍未能实现就业的人员。就业困难人员的具体范围，由省、自治区、直辖市人民政府根据本行政区域的实际情况规定。

大学生群体中也有少部分毕业生因为家庭经济状况、身体状况以及自然灾害等而就业困难，对此，各级政府教育主管部门要求各高校加强对这类毕业生的就业指导和就业服务，各高校也出台了针对性的扶助措施，如优先推荐、重点推荐、反复推荐等，努力帮助他们落实就业。2008 年 5 月 12 日，四川汶川地震导致部分四川籍应届毕业生遭受不同程度的损失。党和政府对此高度关注，要求教育主管部门和各高校千方百计帮助这些同学克服困难，渡过难关，落实就业。北京市高校毕业生就业促进会联系部分用人单位，专门拿出部分招聘岗位，用于解决这类同学的就业问题，此举收到了很好的效果。

（2）劳动者就业之后的权益。

劳动者就业之后的权益主要是指劳动者在从业过程中所具有的权益，主要包括以下几个方面。

① 人身安全方面的权益。劳动者在从业过程中或劳动过程中，人身安全不能受到侵害，人身安全应该得到保障。例如，《劳动合同法》规定，劳动者拒绝用人单位管理人员违章指挥、强令冒险作业的，不视为违反劳动合同；用人单位没有按照劳动合同约定提供劳动保护或者劳动条件的，用人单位以暴力、威胁或者非法限制人身自由的手段强迫劳动者劳动的，劳动者可以立即解除劳动合同，不需事先告知用人单位。

另外，劳动者拥有休息和休假的权利，这对于其恢复劳动能力、维护身心健康是必要的保证。

② 劳动收益方面的权益。劳动者有权要求获得合法的、正当的劳动收益，包括工资收益和福利待遇等。劳动者如果遇到这方面的侵害，可以采取相应的自我保护措施和要求补偿的措施。《劳动合同法》对于劳动报酬、同工同酬、节假日加班报酬、试用期报酬等都做出了相关规定，以帮助劳动者维护自己的收益权益。《劳动合同法》还规定，用人单位未能及时足额支付劳动报酬的，没有按照法律规定为劳动者缴纳社会保险的，劳动者可以解除劳动合同，用人单位应当向劳动者支付经济补偿。

③ 职业安全方面的权益。劳动者职业安全方面的权益是指劳动者合法的、正当的、正常的职业活动应当具有连续性和稳定性，不受到外力的干扰而中断，通俗地说，就是劳动者的从业过程或劳动过程不应当无故被停止，劳动者不应无故地被终止就业。如《劳动合同法》规定，女职工在孕期、产期、哺乳期的，职工在本单位连续工作满十五年且距法定退休年龄不足五年的，用人单位不能解除劳动合同。另外，《劳动合同法》对试用期的规定，对用人单位解除劳动合同的规定，在很大程度上也是为了保护劳动者的职业安全不受到侵害。

④ 其他权益。我国还以法律法规等形式对我国公民实行了基本权益保护和保障，其中很大一部分与就业有关，有些发生在就业之前，有些发生在就业之后，更多的则发生在就业过程中。这些法律法规主要包括：

- 养老保险制度。1984 年，我国进行养老保险制度改革；1997 年，我国颁布了《国务院关于建立统一的企业职工基本养老保险制度的决定》。养老保险制度解决了劳动者退休之后的基本生活保障问题。
- 医疗保险制度。1988 年，我国开始对机关事业单位的公费医疗制度和国有企业的劳保医疗制度进行改革；1998 年，我国颁布了《国务院关于建立城镇职工基本医疗保险制度的决定》。医疗保险制度为城镇职工的疾病医疗和健康恢复提供了重要的保障。
- 失业保险制度。1986 年起，我国逐渐建立起失业保险制度；1999 年，我国颁布了《失业保险条例》，失业保险覆盖了城镇所有企业和事业单位及其职工，为城镇职工失业后的基本生活提供了保障。

- 工伤保险制度。20 世纪 80 年代末，我国对工伤保险制度进行改革。1996 年，我国颁布了《企业职工工伤保险试行办法》。城镇职工因工伤病，可以得到医疗和救助的保障。

- 生育保险制度。1988 年以来，我国一些地区开始进行生育保险制度的改革。1994 年，我国颁布了《企业职工生育保险试行办法》。

- 最低生活保障制度。1993 年，我国进行城市社会救济制度的改革，尝试建立最低生活保障制度。1999 年，我国正式颁布《城市居民最低生活保障条例》，为城市所有居民提供最基本的生活保障。

- 住房公积金制度。我国的住房公积金制度开始于 20 世纪 90 年代初期，上海于 1991 年率先建立此项制度，1992 年起，北京、天津、南京、武汉等地也先后建立住房公积金制度，从 1994 年起，此项制度在全国全面推广。1994 年，我国颁布了《国务院关于深化城镇住房制度改革的决定》。1999 年，国务院颁布《住房公积金管理条例》，并于 2002 年进行了修改。现在，这个制度正处于不断完善阶段。

- 其他社会福利制度。此项制度主要针对生活困难的老年人群体、孤儿群体、残疾人群体。例如，优抚安置制度，主要针对退役军人群体；灾害救助制度，主要针对发生灾害的地区的群众。

需要注意的是，在与用人单位进行双向选择的时候，要注意用人单位是否给员工上保险，有没有“五险一金”。这里提到的“五险一金”就是指养老保险、医疗保险、失业保险、工伤保险、生育保险和住房公积金。其中，养老保险、医疗保险和失业保险，由企业和职工个人共同缴纳保费，工伤保险和生育保险完全由企业承担，个人不需要缴纳。为本企业员工上保险，是法律的规定，企业必须执行；住房公积金不是法定的缴纳项目。

二、相关就业法律法规简介

1. 民法

民法，是规定并调整平等主体的自然人、法人和非法人组织之间的人身关系和财产关系的法律规范的总称，是国家法律体系中的一个独立的法律部门，与人们的生活密切相关。民法既包括形式上的民法（《中华人民共和国民法典》），也包括单行的民事法律和其他法律法规中的民事法律规范。

2020 年 5 月 28 日，《中华人民共和国民法典》由第十三届全国人民代表大会第三次会议通过，并已于 2021 年 1 月 1 日正式施行，同时，多年以来规范民事主体民事活动的《中华人民共和国婚姻法》《中华人民共和国继承法》《中华人民共和国民法通则》《中华人民共和国收养法》《中华人民共和国担保法》《中华人民共和国合同法》《中华人民共和国物权法》《中华人民共和国侵权责任法》《中华人民共和国民法总则》同期废止。

《中华人民共和国民法典》几乎涵盖了自然人从胎儿到死亡、法人及非法人组织从成立到注销过程中的方方面面，因此被称为“社会生活的百科全书”。

2.《**中华人民共和国劳动法**》

《中华人民共和国劳动法》于1994年7月5日经第八届全国人民代表大会常务委员会第八次会议通过，根据2009年8月27日第十一届全国人民代表大会常务委员会第十次会议通过的《全国人民代表大会常务委员会关于修改部分法律的决定》进行第一次修正，根据2018年12月29日第十三届全国人民代表大会常务委员会第七次会议通过的《全国人民代表大会常务委员会关于修改〈中华人民共和国劳动法〉等七部法律的决定》进行第二次修正。

3.《**中华人民共和国合同法**》

《中华人民共和国合同法》是为了保护合同当事人的合法权益，维护社会经济秩序，促进社会主义现代化建设而制定的法律，由第九届全国人民代表大会第二次会议于1999年3月15日通过，于1999年10月1日起施行。

2021年1月1日，《中华人民共和国民法典》施行，《中华人民共和国合同法》同时废止。

合同法是调整平等主体之间的交易关系的法律，它主要规范合同的订立，合同的效力，合同的履行、变更、转让、终止，违反合同的责任及各类有名合同等问题。

在我国，合同法并不是一个独立的法律部门，而只是我国民法的重要组成部分。

4.《**中华人民共和国劳动合同法**》

《中华人民共和国劳动合同法》于2007年6月29日经第十届全国人民代表大会常务委员会第二十八次会议通过，根据2012年12月28日第十一届全国人民代表大会常务委员会第三十次会议《全国人民代表大会常务委员会关于修改〈中华人民共和国劳动合同法〉的决定》进行修正。

劳动合同法是规范劳动关系的一部重要法律，在中国特色社会主义法律体系中属于社会法。劳动合同法在明确劳动合同双方当事人的权利和义务的前提下，重在对劳动者的合法权益进行保护，为构建与发展和谐稳定的劳动关系提供法律保障。

5.《**中华人民共和国就业促进法**》

《中华人民共和国就业促进法》是为促进就业，促进经济发展与扩大就业相协调，促进社会和谐稳定而制定的法律。

该法于2007年8月30日经第十届全国人民代表大会常务委员会第二十九次会议通过，自2008年1月1日起施行。

主要包含的内容有：政策支持、公平就业、就业服务和管理、职业教育和培训、就业援助、监督检查、法律责任。

6.《普通高等学校毕业生就业工作暂行规定》

《普通高等学校毕业生就业工作暂行规定》是为做好普通高等学校（含研究生培养单位）毕业生（含毕业研究生）就业工作，更好地为经济建设和社会发展服务，维护毕业生和用人单位的合法权益，根据国家的有关法律和政策而制定的规定，由教育部于1997年3月24日印发并实施。

训练活动

活动：分组查阅资料，了解并掌握上述相关就业法律法规的详细内容。

第二节　就业协议与劳动合同

【任务】　检索就业协议与劳动合同的模板并予以展示。

【目的】　掌握就业协议与劳动合同的异同之处。

【要求】　了解就业协议与劳动合同的概念、必备条款及签订时的注意事项。

故事案例

毕业生小蔡，寒假期间在某地就业市场与某企业签订了《就业协议书》，当地人事部门盖章签证后将《就业协议书》寄到学校，学校招生就业处盖章同意。后来小蔡又参加了某银行的招聘面试，该银行表示同意接收。于是，她向学校招生就业处索要就业协议，遭到了拒绝。老师向她解释说，因她已和某企业签订协议，如要再和该银行签协议，则应先承担违约责任。小蔡表示很不理解。

像小蔡这样的事例，说明她对就业协议的法律性质还缺少真正的了解，因此不明确自己对所签协议的用人单位负有何种责任。类似情况在应届大学毕业生求职者中比比皆是。

一、就业协议与劳动合同简介

1.《全国普通高等学校毕业生就业协议书》

《全国普通高等学校毕业生就业协议书》，简称《就业协议书》或者“三方协议”，是为明确毕业生、用人单位、毕业生所在学校三方在毕业生就业工作中的权利和义务，经协商签订的协议（图 5-1）。《就业协议书》也是学校派遣毕业生的依据，在学生毕业离校前，学校将根据《就业协议书》的内容开具毕业生就业报到证和户口迁移证，同时转递学生档案。如果毕业生未签订《就业协议书》，学校将把其关系和档案转递回原籍。每位毕业生拥有唯一编号的《就业协议书》（一式三份），《就业协议书》实行编号管理。

毕 业 生 就 业 协 议 书

（第一联：甲方留存）　　条形码：

发放院校（盖章）：　　院校代码：　　编号：

甲方	单位名称						组织机构代码	
	联系人		联系电话				电子邮箱	
	通信地址						邮政编码	
	单位性质	□机关□部队□国家基层项目□地方基层项目□农村建制村□城镇社区 □科研设计单位 □高等教育单位 □中初教育单位 □医疗卫生单位 □艰苦事业单位 □其他事业单位 □科研助理 □国有企业 □三资企业 □艰苦行业企业 □其他企业						
	档案接收	单位名称						
		单位地址					邮政编码	
乙方	姓　　名		性别		学号		身份证号	
	毕业院校				学历		专业	
	通信地址				邮政编码		联系电话	
	家庭地址				邮政编码		联系电话	

一、甲方同意录（聘）用乙方；乙方同意毕业后到甲方工作。

二、符合下列情况之一，经书面告知对方后，本协议解除：1. 甲方被撤销或依法宣告破产；2. 乙方在毕业离校前升学、入伍、被录用为国家公务员或参加国家及地方志愿服务项目；3. 乙方报到时未取得毕业资格；4. 乙方被判处拘役以上刑罚或者被劳动教养；5. 法律、法规、政策规定的其它情况。

三、未尽事宜，由甲乙双方依照有关法律、法规、规章和政策规定，另行约定。

四、本协议仅作为办理《就业报到证》的依据。

甲方（公章）： 联系人： 年　月　日	乙方（签名）： 年　月　日

特别提示：本《协议书》签订后 10 个工作日内，用人单位应将《接收高校毕业生备案函》送（寄）至当地毕业生就业工作部门，履行接收毕业生报备手续。

江苏省教育厅制

接收高校毕业生备案函　　条形码：

______（地方就业工作部门）：

经考核，我单位同意接收______（学校）______届毕业生______（学号：______ 学历：______专业：______生源地：______），请准予办理接收备案手续。

单位（盖章）：

______年______月______日

联系人：　　联系电话：

图 5-1　《就业协议书》样本

2. 劳动合同

劳动合同，又称劳动契约、劳动协议，是劳动者与用人单位明确双方权利义务的协议。劳动合同是调整劳动关系的基本法律形式，也是确立劳动者与用人单位劳动关系的基本前提，在《劳动法》中占据核心的地位。劳动合同必备条款如图 5-2 所示。

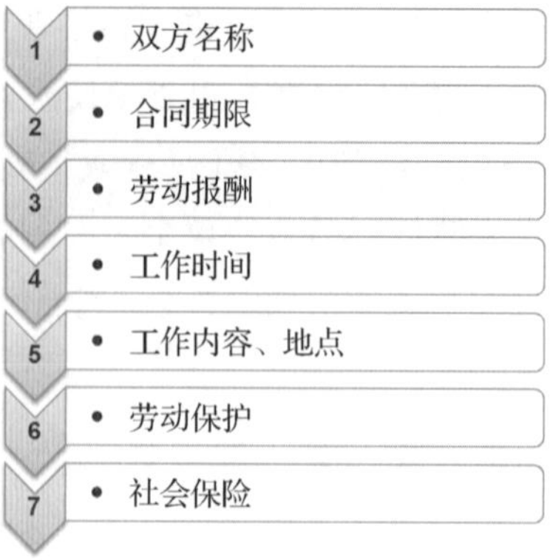

图 5-2　劳动合同必备条款

二、就业协议与劳动合同的关系

1. 就业协议与劳动合同的相同之处

（1）合同的性质一致。用人单位对大学毕业生这类劳动者，与面向社会公开招聘的劳动者，在培养、使用、待遇等方面可能有所不同，但从确立劳动关系这一点来说，就业协议与劳动合同是一致的。

（2）主体的意思表达一致。签订就业协议的双方在表达主观愿望、表示真实意思及无强制胁迫方面与签订劳动合同的双方在这些方面完全一致。

（3）法律依据一致。由于就业协议是确立劳动关系的一种协议，用人单位对毕业生录用、接收之后，要有见习期（或试用期）和最低劳动年限的规定，这与劳动合同的要求相一致。因此，就业协议应当遵循《劳动法》中劳动合同等有关规定，若发生争议纠纷，应依法解决。

2. 就业协议与劳动合同的不同之处

（1）适用的法律法规不同。劳动合同适用《劳动法》及劳动人事部门颁布的有关劳动人事方面的规章。而就业协议因目前无相关法律，也无国务院颁布的有关毕业生就业方面的法规，因此只能适用教育部颁发的《普通高等学校毕业生就业工作暂行规定》和有关政策。

（2）适用主体不同。劳动合同是劳动者与用人单位之间确立劳动关系的协议，只要双方当事人协商一致，符合国家的法律、行政法规，无欺诈、胁迫等行为，经双方签字盖章，合同即生效。目前，就业协议除毕业生与用人单位双方签字、盖章外，尚需学校和签证机关（人事部门）介入。

（3）内容不同。依据《劳动法》的规定，劳动合同的内容比较详细，而就业协议的条款就比较简单，主要是毕业生如实向用人单位介绍自己的情况，愿意在规定期限内到用人单位报到，用人单位如实向毕业生介绍本单位情况，同意录用该毕业生，等等，另外还有一些简单条款。

（4）适用人员不同。劳动合同可以适用于各类人员，凡是中华人民共和国公民，只要有劳动能力并符合法律规定的条件，经过供需见面，双向选择，一经录用都可以与用人单位签订劳动合同。而就业协议适用的人群相对单一，只适用于高校毕业生和毕业研究生。

（5）签订时间不同。一般来说，就业协议签订在前，劳动合同订立在后。就业协议是毕业生在找工作的过程中，落实用人单位后签订的，就业协议的签订在学生离校前。劳动合同是毕业生到用人单位报到后订立的。如果毕业生与用人单位在工资待遇、住房等方面有事先约定，可在就业协议的约定条款中注明，日后订立劳动合同时对此内容应予以注明。

简单地说，两者的程度不同，劳动合同的法律效力较大。不管是权利还是义务，劳动合同一旦签订，双方就必须遵守；一旦有违约现象，违约的一方必须承担相应的责任。而协议带有双方协商的成分，一旦有一方违约，后果比合同要轻一些。

三、毕业前需了解事项

1.《就业协议书》

（1）《就业协议书》的用途。

《就业协议书》是毕业生和用人单位关于将来就业意向的初步约定，是对双方的基本条件以及即将签订的劳动合同的部分基本内容的大体认可，并经用人单位的上级主管部门和高校就业部门同意，一经毕业生、用人单位、高校签字盖章，即具有一定的法律效力，是将来双方订立劳动合同的依据。

《就业协议书》是学院编制就业方案、档案发放、户口迁移的依据。

（2）《就业协议书》填写说明。

① 个人填写内容。

姓名、性别、学号、生源地、专业名称填写应与《推荐表》相关信息一致。

学校代码按照规定填写。

通信地址和联系电话需认真填写，以便上级教育主管部门核实毕业生就业信息。

② 用人单位填写内容。

用人单位名称应填入用人单位全称，不得简写。

单位隶属应填入用人单位的上级人事主管部门（单位所在地人才服务中心）。

单位性质和行业分类由用人单位如实填写。

档案接收栏请毕业生务必告知用人单位认真填写（一般为就业单位所在地的人才服务中心），学院学生处将按照毕业生档案接收栏的地址邮寄毕业生的档案。

（3）《就业协议书》盖章说明。

若毕业生希望今后户口和档案回原籍的话，只需在《就业协议书》上盖上用人单位的章。

若毕业生希望今后户口和档案留在就业单位所在地的话，需要在《就业协议书》上盖上用人单位的章和用人单位所在地人才服务中心的毕业生调配章（或人才服务中心出具接收函）。

（4）《就业协议书》发放和上交时间。

发放时间：每年的 1 月上旬。

上交时间：必须在毕业当年（办理毕业证当年）5 月 31 日前上交学校。

（5）《就业协议书》网上反馈。

毕业生和用人单位签订《就业协议书》后，应及时访问“91job 智慧就业平台”(www.91job.org.cn)反馈就业情况。

（6）《就业协议书》其他注意事项。

①《就业协议书》的遗失和补办。

《就业协议书》每人一份，每份对应一个编号。毕业生之间不能串用或借用他人的《就业协议书》，用他人《就业协议书》签订的协议无效。毕业生应妥善保管《就业协议书》，不得遗失，如遇特殊情况，应由班主任或辅导员填写《××学院毕业生就业协议书补办申请表》，经院系审核相关材料并签署意见后，报学院招生就业处予以补办。

② 毕业生改派。

每位毕业生只能和一个用人单位签订《就业协议书》，协议一旦生效，原则上不予改派。如确因特殊情况（家庭重大变故或其他不可抗拒的原因）需要解除协议者，须先向学院招生就业处提出书面申请，经同意后，出具原接收单位同意解约的函件并交回所有原件，方可申领新的《就业协议书》。但毕业超过两年或已就业超过一年的不再办理改派。

毕业生与用人单位在签订《就业协议书》的过程中如有其他约定条件，必须在《就业协议书》中注明。《就业协议书》签订后，毕业生和用人单位应严格履行协议。

毕业生在签约过程中，一定要注意条款的合理性。我国《劳动法》明确规定，用人单位不得以任何理由，向毕业生收取报名费、培训费、押金、保证金等，并以此作为是否录用的决定条件。

签订《就业协议书》后，一定要签署劳动合同。正式的劳动合同可能是学生毕业前签订、毕业后生效的，也可能是毕业后签订、立即生效的。一般《就业协议书》会在劳动合同生效时终止效力。

就业协议上规定的违约金和劳动合同中规定的违约金有严格区别，毕业生对于双方协商确立的违约金应充分注意它的合理性，违约金一般不应超过 5 000 元。

由于《就业协议书》具有复写功能，所以请不要折叠或作为垫纸书写。

2. 毕业生档案发放

（1）下述情况的毕业生档案邮寄至就业单位所在地的人才服务中心。

《就业协议书》上加盖当地人才服务中心毕业生调配章（或当地人才服务中心出具接收函）。

（2）下述情况的毕业生档案邮寄至生源所在地的人才服务中心。

《就业协议书》上没有加盖当地人才服务中心毕业生调配章（或当地人才服务中心没有出具接收函）；毕业生与单位签订劳动合同；毕业生仅上交就业证明。

3. 毕业生户口

（1）下述情况毕业生户口迁至就业单位所在地的人才市场。

《就业协议书》上加盖当地人才服务中心毕业生调配章（或当地人才服务中心出具接收函）。

（2）下述情况毕业生户口迁至原籍。

《就业协议书》上没有加盖当地人才服务中心毕业生调配章（或当地人才服务中心没有出具接收函）；毕业生向学校提交劳动合同（或复印件）；毕业生仅上交就业证明。

（3）其他规定。

入伍：户口不在学校所在地注销，毕业后直接迁往原籍。

出国留学：户口迁往原籍，方便学生办理出国后的各种相关手续。

10 月底前没有上交《就业协议书》的毕业生的户口一律迁回原籍。

4. 毕业生报到证（派遣证）

学校将毕业生上交的《就业协议书》送交省教育主管单位审核并办理毕业生派遣手续及报到证，每位毕业生到班主任或辅导员处领取报到证。用人单位以报到证为依据接收毕业生，并接转毕业生的人事档案、户口迁移手续等。报到证从签发之日起有效期限为一个月。

（1）报到证遗失。

毕业生自签发报到证之日起一年之内遗失报到证，经本人申请、在市级以上报纸上登报申明作废，将补办申请交所在学校审核、盖章，并按规定缴纳手续费后可以到省高校毕业生就业指导中心补办报到证，报到证备注栏内注明“遗失补发”字样。对于毕业生就业一年以后遗失报到证的情况，相关部门不予补办。按有关规定，由毕业学校和毕业生调配部门出具证明。

（2）报到证过期。

毕业生在领取报到证后，应在规定的报到期限内到用人单位报到。倘若因某种原因不能按期报到，应书面通知用人单位并说明理由，否则用人单位有权拒绝接收。

训练活动

活动：分组讨论，深入挖掘就业协议与劳动合同之间的异同之处。

第三节　就业陷阱识别与维权

【任务】　检索关键词，并在自己的笔记本上记录各类就业陷阱及处理方式。
【目的】　学会识别就业陷阱，避免在求职过程中落入“圈套”，进入“陷阱”。
【要求】　掌握识别就业陷阱的方法，并有能力规避风险。

故事案例

小杨终于得到了某公司的试用通知，开始上班了。他做的工作是网络维护。第一天，主管带他到公司各个部门走了一圈，熟悉情况，对他的业务能力也做了初步了解，并表示比较满意。可是第二天，当他准备去上班的时候，却接到了公司打来的电话：“对不起，你的那项工作我们已经有更合适的人选了，你不必来上班了。”对公司的这个临时“解雇”决定，小杨觉得十分气愤：“我做错了什么？凭什么在上班的第二天就被‘炒鱿鱼’了呢？”

即使再气愤，小杨也只能无奈地接受这个结果。因为从一开始，该公司就以试用为名，没有与他签订任何书面协议，他没有办法讨回公道。所以，要提醒大家的是：即使试用期，也要签订好试用协议。

一、什么是“就业陷阱”

大学生“就业陷阱”是指招聘单位、其他机构或个人，利用大学生的弱势地位（如社会经验不足、自我保护意识差、就业竞争激烈等），以提供就业机会为诱饵，采用违法悖德等手段，与大学生达成权利与义务不对等的各类就业意向（协议），侵害大学生合法权益的现象。

二、识别“就业陷阱”

1.“试用期”陷阱

“试用期三个月，试用期月薪1 200元，转正后月薪2 000元，另加各类津贴。”这样的薪资待遇可以吸引不少迫切求职的人们。于是，好容易通过面试的求职者们，勤勤恳恳地卖力工作，希望早点熬过三个月的试用期。结果往往是三个月一到，公司随便编个理由，就把他们打发回家了。其实，这些公司就是利用了试用期用工成本低廉的特点，钻了试用期易于解除劳动关系的空子，把短期工当作试用期员工来处理，出最少的钱，用最好的人。

每一个职位一般都会有最初的试用期，但有些用人单位会利用“试用期”一说，延长试用时间。而在2007年6月29日第十届全国人民代表大会常务委员会第二十八次会议通过的新《劳动法》中的规定则是：试用期最长不得超过六个月；试用期只能在劳动合同中约定，不允许单独签订试用期合同……

2.“口头约定”陷阱

有些毕业生在毕业之前通过实习，已经和实习单位达成了录用的意向，但由于只是口头约定，并没有签订任何合同、协议，因此最后也遭到了不公正的对待。因此，需要注意，即使有就业协议，也不能代替劳动合同，更不必说口头约定。

3.“廉价劳动力”陷阱

有些用人单位不讲诚信，会以各种方式，如无故克扣工资、不缴纳社会保险费等，把刚刚毕业的大学生当作廉价劳动力使用。按照《劳动法》以及国家有关规定，企业必须为职工缴纳各类保险费用，由职工缴纳的部分，也有明确的数额规定。

4. 各种“费用”陷阱

一些用人单位不但不是真心引进人才，给毕业生们就业的机会，更有甚者还要向求职者收取各种费用，加重大学毕业生的负担。这一点值得留意，涉及费用的问题需要根据实际情况做出具体的分析，防患于未然。

每一位求职者都希望能找到一份高薪的工作。因此，一些用人单位就以夸张离谱的高薪为诱饵。例如，一家根本不起眼的公司，开出“欢迎社会新人，薪水15 000元起”这样诱人的高薪来诱使求职者上钩。等到求职者办理“入职手续”时，对方就会要求求职者交“建档费”“服装费”“风险押金”等各种费用。

5. 诱人的“造星”陷阱

一些不法之徒通过编造与一些知名度高的艺人以及电视台、电影公司或唱片公司有联系，承诺可以代为安排工作，并帮助应聘者成为明星或模特，来诱使应聘者缴付巨额费用参加其提供的训练课程。

三、如何规避“就业陷阱”

1. 端正就业心态

在校期间要刻苦学习，努力掌握专业技术知识，储备良好的就业能力，为将来的就业打下良好的基础。要相信“一分耕耘，一分收获”，不要随便相信高工资、高待遇、福利好、挣钱快的招聘消息，坚信不会有“天上掉馅饼”的好事，任何成功都是要经过努力取得的。

要认清自己，知道自己的真实水平，不要以社会精英自诩，当不法分子以不实夸大之词或甜言蜜语游说时要保持清醒的头脑。

2. 不断提高法律意识

大学生要切实了解《劳动法》《劳动合同法》等法律的相关内容，在自己的就业过程中增加对“就业陷阱”的辨别力。另外，大学生要加强法律观念和维权意识，遇到权利受到侵害时要敢于拿起法律武器来维护自身利益，不给违法分子以可乘之机。

3. 选择正规的中介

求职时尽量到大的、正规的人才市场或人才机构，不要因求职心切，一见“招聘”的字样就去应聘。求职时要特别小心那些无营业执照、无职业介绍许可证或人才交流许可证的非法中介，他们常常以“找不到工作不收费”为幌子，诱惑求职者入套，乘机向求职者敲诈勒索。

4. 拒交各种名义的费用

求职的大学生应该知道：任何招聘单位，以任何名义向求职者收取抵押金、风险金、报名费、培训费等行为，都属非法行为。如果在求职中遇到此类情况，一定要坚持拒交，并向招聘单位所在区、县举报，以确保自己的合法权益不受侵害。

5. 不轻信许诺到外地上岗

面对非法中介或私招滥雇者声称的承接外地企业或某总公司某某外地分公司、分厂的高薪招聘，不论待遇多么好，均不要轻信其口头许诺，一定要到劳动保障部门咨询，并办理相关的手续。

6. 发觉被骗，及时报案

大学生一旦发觉上当受骗，要及时向招聘单位所在地的人力资源与社会保障局人才市场管理办公室、劳动保障监察大队举报或向派出所报案，以寻求法律保护。另外，大学生在求职前或求职过程中，应主动学习一些劳动法规和相关政策，并提高自己的求职素质和独立思考的能力。

训练活动

活动：分组讨论，举例说明其他“就业陷阱”，并思考如何防范。

第四节　违约责任与劳动争议

【任务】　检索并记录，分享违约责任与劳动争议案例及解决问题的办法。
【目的】　学会用法律武器维护自己的合法权益。
【要求】　了解争议处理途径，识别各类就业风险。

故事案例

晓晓毕业前与上海一家单位签订了就业协议，并在7月份毕业后来到这家单位上班。但是工作后不久，她就发现自己的身体状况很难适应这里的劳动强度，而且现有工作也不利于今后发展。于是，在8月底她向单位提交了解除协议申请。虽然单位答应了她的离职要求，却以违约为由，要求其必须缴纳5 000元人民币的违约金。晓晓觉得非常委屈：身体不好无法胜任工作是客观原因，再说还处于试用期，没有签订劳动合同，凭什么说自己违约？在公司干了一个多月，一分钱工资都没拿到，凭什么还要交5 000元的违约金？由于晓晓不肯交违约金，单位就拒绝帮助她办理离职手续。

其实，在本案例中，晓晓在7月份毕业后已按照约定与单位建立了劳动关系，原来的就业协议已经履行完毕。晓晓辞职时仍处于试用期内，依据《劳动法》规定，她随时可以解除劳动关系；如果双方没有签订劳动合同，那么也属于事实劳动关系，晓晓依然可以随时解除劳动关系而无须支付违约金。

一、“三方协议”及常见违约情况

毕业前，毕业生们都会和学校、用人单位签订一份“三方协议”。对于“三方协议”的界定，一般理解为，根据国家毕业生就业政策，毕业生、用人单位、学校在协议书上签字、盖章后，协议书便生效，对三方都具有约束力，各方都应该遵守协议、履行协议。如果三方中有一方反悔，即视为“违约”，而且必须向另外两方承担违约责任。

一般来说，学校作为毕业生和用人单位的见证方，不会涉及违约，事实上可能会出现违约问题的多是毕业生或用人单位。找到合适工作的毕业生，会事先和用人单位签订“三方协议”，“三方协议”的签订，往往意味着毕业生第一份工作的基本确定。那么，“三方协议”怎么签呢?

1. 毕业生签订“三方协议”时要留心的六个细节

要看填写的用人单位名称是否与单位的有效印鉴名称一致，如不一致，协议无效；填写自己的专业名称时，要与学校教务处的专业名称一致，不能简写。

外企、合资企业、私企一般采用试用期，根据合同期的长短，可以从一至三个月不等，通常试用期为三个月，不得超过六个月。国家机关、高校、研究所一般采用见习期，通常为一年。

不少单位为了留住学生，以高额违约金约束学生。学生在协商中要力争将违约金降到最低，通常违约金不得超过5 000元。但是，《劳动法》规定，对负有保密义务的劳动者，用人单位可以在劳动合同或者保密协议中与劳动者约定竞业限制条款，并约定在解除或者终止劳动合同后，在竞业限制期内按月给予劳动者经济补偿。劳动者若违反竞业限制约定，应当按照约定向用人单位支付违约金。除上述法律规定的情形外，用人单位不得与劳动者约定由劳动者承担违约金。所以，学生要力争取消违约金这一条规定。

现行的毕业生就业协议属“格式合同”，但“备注”部分允许三方另行约定各自的权利、义务。为了防止用人单位“承诺一套，做一套”，毕业生可将签约前达成的休假、住房、保险等福利待遇在备注栏中予以说明，如发生纠纷，可以此维护自己的合法权利。

学生在签订协议时，要严格按照规定的步骤进行，等用人单位填写完毕、盖章后再到学校就业指导中心盖章签证。切忌自己填写完毕后就直接到学校就业指导中心要求盖章。这样带来的后果是，单位在填写时，工资待遇等与之前承诺的大相径庭。学生却因为自己和学校都已经签字、盖章，无力挽回，或者逆来顺受，或者被迫违约、赔偿用人单位。

2. 常见“三方协议”的违约状况

一般情况下，毕业生和用人单位会出现的违约状况大致可以分为以下几种。

（1）毕业生出现违约。

同时与多家单位签约，再定取舍。

先确定一个用人单位垫底，一旦找到更理想的用人单位，则抛弃前者，选择后者。

向用人单位提供不真实的选用情况。

其他违约行为。

（2）用人单位出现违约。

拒收毕业生。

提供不真实的情况和虚假材料，误导毕业生与之签约。

其他违约行为：如为约束毕业生而收取一些不合理的费用；违反行政法规、规章，不执行有关规定，侵害毕业生的合法权益。

就业协议书一经毕业生、用人单位、学校签署即具有法律效力，任何一方不得擅自解除，否则违约方应向权利受损方支付协议条款所规定的违约金。从实际情况来看，就业违约多为毕业生违约。如果毕业生违约，除本人应承担违约责任、支付违约金、诚信受损外，往往还会造成其他不良的后果，包括用人单位、学校，甚至是其他毕业生都会受到一定的不良影响。因此，毕业生在签署就业协议之前要经过慎重的思考，完全明确自己签署协议后所负有的责任，再确定签署就业协议。

当毕业生到用人单位报到后，“三方协议”即告终止，此时用人单位会与其签订一份正式的劳动合同，其中约定了劳动者在单位的试用期限、服务期限、工资待遇及其他各项福利等事宜。合同签订之后，双方即正式确定了劳动关系。

二、试用期权益

试用期是指包括在劳动合同期限内，用人单位对劳动者是否合格进行考核，劳动者对用人单位是否符合自己要求也进行考核的期限，这是一种双方双向选择的表现。

劳动合同之中约定的试用期是工作的第一个阶段，需要熟悉、学习、适应的内容很多，因此这也是毕业生和用人单位最容易出现纠纷的阶段。以下为试用期比较容易出现的劳动纠纷的有关内容。

1. 试用期时限

试用期是用人单位和劳动者建立劳动关系后为相互了解、选择而约定的不超过六个月的考察期。试用期包括在劳动合同期限中。按照《劳动合同法》第十九条规定，劳动合同期限三个月以上不满一年的，试用期不得超过一个月；劳动合同期限一年以上不满三年的，试用期不得超过二个月；三年以上固定期限和无固定期限的劳动合同，试用期不得超过六个月。

同一用人单位与同一劳动者只能约定一次试用期。

以完成一定工作任务为期限的劳动合同或者劳动合同期限不满三个月的，不得约定试用期。

2. 试用期辞职

根据《劳动法》的规定，劳动者在试用期内可以随时通知用人单位解除劳动合同（无须提前通知）。有些用人单位在劳动合同中约定劳动者在试用期解除合同需承担违约责任，这实际上限制了劳动者的解除权，因此这种约定是侵害劳动者合法权利的行为，对于这种约定条款，法律一般确认为无效。

3. 试用期辞退

根据《劳动法》第二十五条规定，劳动者在试用期间被证明不符合录用条件的，用人单位可以解除劳动合同。法律规定得很清楚，用人单位可解除劳动合同的条件是其必须举证劳动者在试用期间不符合录用条件。这里毕业生应当明确，用人单位要求解除劳动合同时，举证责任在用人单位，劳动者无须提供自己符合录用条件的证明。

如果在报到后，毕业生因为发生疾病不能坚持正常工作，用人单位则应该按照在职人员的有关规定处理，即使处于试用期，单位也不能将其辞退。

4. 只签试用期合同不签劳动合同

劳动者被用人单位录用后，双方可以在劳动合同中约定试用期，试用期应包括在劳动合同期限内，劳动合同是试用期存在的前提条件。不允许只签订试用期合同，而不签订劳动合同。这样签订的试用期合同是无效的，但试用期合同的无效，并不导致《劳动法》对劳动者的保护失效。

三、纠纷处理

一旦真的出现了上述这些或者更多、更为复杂的劳动纠纷，毕业生们又该如何应对呢？这就需要了解处理劳动争议的几种常用方式。

1. 协商解决

劳动争议发生后，当事人可就争议事项进行协商，使双方消除矛盾，找出解决争议的方法。不愿协商或者协商不成的，当事人可以并有权申请调解或仲裁。

2. 企业调解

劳动争议发生后，当事人可以向本单位劳动争议调解委员会申请调解。企业调解达成协议的，制作调解书，双方当事人应自觉履行（此协议不具有法律约束力）；如果从当事人申请之日起三十日内未达成协议，则视为调解不成。当事人可以在规定的期限（六十至九十天）内，向劳动争议仲裁委员会申请仲裁。另外，当事人不愿调解或调解达成协议后反悔的，也可直接向仲裁委员会申请仲裁。

3. 劳动仲裁

劳动争议一般由当事人所在行政区域内的劳动争议仲裁委员会受理，当发生争议的单位与职工不在同一劳动争议仲裁委员会管辖地区时，由职工当事人工资关系所在地的劳动争议仲裁委员会处理。如果当事人任何一方对裁决不服，则应在收到裁决书十五日内向当地人民法院起诉，期满不起诉的，裁决书即发生法律效力，当事人对发生法律效力的调解书和裁决书应当依照规定的期限履行。

4. 法院判决

当事人任何一方不服裁决向人民法院起诉的，法院将按照《中华人民共和国民事诉讼法》的有关程序进行：首先对双方当事人进行民事调解，如果双方当事人就劳动争议达成协议，法院将制定《民事调解书》，《民事调解书》一经送达当事人立即生效，与判决书具有同等法律效力；如果调解不成，法院应当在规定的时间内做出书面判决。原、被告任何一方对判决不服的，可在法定期限（自收到判决书起十五日）内向上级人民法院提起上诉。

训练活动

活动：分组讨论，毕业生签订“三方协议”时的注意点。

本章总结

求职的道路不是平坦的，有“陷阱”，有荆棘，当然也会有令人惊喜不已的美丽风景。求职过程既是一段重要的成长历程，也是一个学习的过程。面对烂漫春花，我们要学会欣赏与自持；面对扑面巨浪，我们要学会抗争与规避；面对密布乌云，我们要学会乐观与淡定。唯有让学习贯穿我们的一生，才能使我们的人生变得美丽无比！

思考练习

1. 通过本章的学习，简述劳动合同与就业协议有什么区别。
2. 简述如何防范试用期的“就业陷阱”。

第六章

端正职业态度

学习目标

通过本章的学习和训练，你将能够：

- 了解什么是职业态度。
- 掌握职业态度养成的方法。
- 理解关键能力素质的相关内容。

案例导入

三个工人在砌墙。有人过来问："你们在干什么?"第一个人没好气地说："没看见吗？砌墙。"第二个人抬头笑了笑，说："我们在盖一幢高楼。"第三个人边干边哼着歌曲，他的笑容很灿烂，开心地说："我们正在建设一个新城市。"十年后，时间将三个人分出了层次：第一个人在另一个工地上砌墙；第二个人坐在办公室中画图纸，他成了工程师；第三个人，成了前两个人的老板。

案例讨论

1. 三个人的工作起点并没有差别，都是在砌墙，但十年后，为什么差别如此之大？
2. 小组讨论，详细分析三个人的不同之处并分享。

态度是一个人对待事物的一种驱动力，不同的态度将产生不同的驱动作用。工作是一种态度，不同的态度会产生不同的行为，不同的行为则会带来迥异的结果。工作态度好、努力程度高、积极开拓、敢于创新的人，会占据"职场金字塔"的上部位置，自主权和自我实现的空间随之都易获得拓展，其事业发展势必会越来越好。而那些态度不好、工作不努力、积极性与主动性较差的员工则会在竞争中处于劣势，一旦不能主动改变自己，那么最终要么在低位徘徊，要么被迫离开组织或被组织所遗弃。

第一节　职业态度认知

【任务】　检索关键词，并用纸笔记录职业态度的概念。
【目的】　了解职业态度的影响因素，掌握正确的职业态度的相关内容。
【要求】　熟知正确的职业态度，并努力成为拥有正确职业态度的人。

故事案例

面试实例一

面试官：你认为一个成熟的、职业化的工作人士应该具备哪些条件呢？

问题分析：这类题目考察的是应聘者的职业化行为，应聘者需要冷静思考，在阐述过程中清晰地表达自己对职业化行为的认识，需要重点强调职业道德和企业利益。

应聘者：首先，我认为他应是一个十分注重职业道德和操守的人。职业道德和操守对于一名企业员工来说是基础，是所有工作能力和经验为企业所用的前提。他应该只在符合法律和职业道德的范围内开展工作，不会因为任何原因和诱惑而放弃一名员工起码的诚信和职业道德。其次，他应该是一个尊重他人而不专断的人。无论是对于客户还是对于同事，他均给予尊重，在工作上愿意了解他们的想法，及时与他们沟通。因为成熟的、职业化的行为是建立在互相尊重、有效沟通的基础上的。最后，我认为一个成熟的、职业化的人还必须是拥有个人原则和观点的人。人云亦云是一种不成熟的表现，职业化的工作人士应该保持独立的思考，不会为获得客户好感而放弃个人的观点和原则。

一、职业态度概述

职业态度是指个人对所从事的职业的看法及在行为举止方面反应的倾向。一般情况下，态度的选择与确立，与个人对职业的价值认识，即职业观与情感维系程度有关。职业态度是构成职业行为倾向的稳定的心理因素，易受主观方面因素如心境、健康状况，以及客观环境因素如工作条件、人际关系、管理措施等的直接影响而发生变化。肯定的、积极的职业态度，促进人们去钻研技术、掌握技能、提高职业活动的忍耐力和工作效率。其形成与发展是人们对有关职业知识的吸收、职业需要的满足、所属群体的期待以及职业实践获得的体验等因素综合作用的结果。培养学生正确、积极的职业态度是教育的一项任务。

二、职业态度影响因素

1. 自我因素

自我因素包括个人的兴趣、能力、抱负、价值观、自我期望等。职业态度的自我因素与职业发展过程有相当密切的关系，因为自我因素的形成多与其成长背景相关，个人价值观是在成长过程中一点一滴慢慢养成的。个人若能对各项自我因素有深入的了解，将能更好地了解何种职业适合自己，也能更好地做出明确的职业选择。个人在选择职业时所表现出来的态度，也是个人兴趣、能力、抱负、价值观、自我期望的一种表现。但一个人若只是依照自我因素来选择职业，有时难免会产生与社会格格不入的感觉，因此，在选择职业时仍必须考虑其他相关因素。

2. 职业因素

职业因素包括职业市场的需求、职业的薪水待遇、工作环境、发展机会等。就理想而言，兴趣、期望、抱负，应该是个人选择职业的主要依据，但是，事实上，职业选择必须同时兼顾自我能力，以及外在的社会环境、职业市场动态等。一个人对职业世界有越深的认识，就越能够掌握正确的职业信息，也就越能做出比较切合实际的职业选择。相反地，对职业认知有限的人，甚至连何处有适合自己需求的工作机会都不清楚，更不必说做出明确的职业选择。因此，个人对职业的认知会影响到个人的职业态度。

3. 家庭因素

家庭因素包括家庭的社会地位、父母期望、家庭背景等因素。由国内外研究看来，家庭教育对个人发展的影响并不明显，但是，不论父母的学历高低、社会地位如何，大多数的父母都希望自己的子女能拥有比自己高的学历，从事比自己有发展的工作。因此，在作职业选择时，家人的意见通常会影响个人的职业态度。

4. 社会因素

社会因素包括同侪关系、社会地位、社会期望等因素。在职业发展的过程中，个人的最终目标是在其职业上能有所表现，有更多的人希望自己能成为社会中有身份、有地位的人。以社会现象为例，一般人认为医生、律师、艺术家有较高的社会地位，清洁人员似乎是不入流的工作。虽然这并不是正确的观念，但或多或少也影响了个人的职业态度。

三、七种正确的职业态度

在同样的公司，做同样的工作，有些人多年以后，仍旧做着同样的工作，任原来的职务，甚至被“炒了鱿鱼”；有些人却不断前进，在公司的地位日益上升，成为公司不可或缺的人物，其实这就是职业态度正确与否所造成的结果。所以，要成为受欢迎的现代职业人，必须要具有以下七种职业态度：敬业、勤奋、忠诚、自制、进取、协作、激情。

1. 只有敬业，才能做好一切

所谓敬业，就是用一种严肃的态度对待自己的工作，勤勤恳恳、兢兢业业、忠于职守、尽职尽责地从事自己的工作。敬业精神古已有之，中国古代思想家非常提倡敬业精神，孔子称之为“执事敬”，“敬”即“尊敬”“敬重”之意，对待事业要尊敬、敬重。朱熹则将“敬业”诠释为“专心致志，以事其业也”。敬业，就是要敬重自己的事业，专心致力于事业，千方百计将事情做好。中华民族历来有“敬业乐群”“忠于职守”的好传统。而社会主义核心价值观中的“爱岗敬业”，更是每一位公民必须履行的基本义务。

责任是敬业的首要条件。责任，就是一个人不得不做的事或一个人必须承担的事情。它表现为：当没有完成自己的工作和约定时，一个人会焦虑，会不安，会有不顾一切要去完成的想法。一个没有责任心的人，做事情虎头蛇尾，不了了之，思前不想后，其结果不仅毁了自己的信誉和前程，还会给周围的人和事情带来影响和损失。没有责任心的人，连就业都不能保证，与敬业更是相去甚远。

敬业的要求：干一行要爱一行，精一行；要一心一意，不能三心二意；要做就做到最好。

2. 勤奋比才能更重要

勤奋就是认认真真，努力干好每一件事情，不怕吃苦，踏实工作。文学家说，勤奋是打开文学殿堂之门的一把钥匙；科学家说，勤奋能使人聪明；而政治家说，勤奋是实现理想的基石。世界上最宝贵的东西除了良好的心理素质外，还有一样就是勤奋。勤奋不光是身体上的勤奋，还有精神上的勤奋。勤奋靠的是毅力，是恒心。

企业需要的员工，不是最聪明、最能干的员工，而是最勤奋的员工。其每天虽然可能只多走了一步路，但会发现周围的人已经悄然落在身后。

3. 忠诚最无价

所谓忠诚，意为尽心竭力，赤诚无私。企业员工的忠诚度是指员工对企业所表现出来的行为指向和心理归属，即员工对所服务的企业尽心竭力的奉献程度。

员工的忠诚包括了三层含义：对企业这个组织忠诚；对所从事职业的信念或信仰忠诚；对企业领导者忠诚。忠诚代表着诚信、守信和服从。

企业的理想人才是既有能力又忠诚的人，很多时候人们宁愿信任一个虽然能力差一些却足够忠诚敬业的人，而不愿用一个表里不一、言而无信之人。因为这样会使整个企业陷入钩心斗角、尔虞我诈的复杂人际关系中，最终可能使企业陷入危机。

忠诚不是没有辨别力的绝对服从，不是“愚忠”。对一家企业的忠诚，是对企业领导者的忠诚，更是对自己对这家公司的选择的忠诚，是对自己事业的忠诚，对自己前途和追求的忠诚。因此，不要认为忠诚只是针对公司而言的，这是一种误解与不幸。一个人要想在事业上有所作为、有所进步和成就，忠诚是不可或缺的元素。忠诚是在清楚自己的责任时表现的一种对信念的支持，是对别人为自己付出的真诚回报。

4. 自制，让你成为思想的主人

当一个人面对诱惑及与生俱来的惰性时，来自内心坚定意识和自控能力，可以抵御诱惑和惰性，主宰自我，帮助自己成为思想的主人。

自制就是自我控制，要成就自己，必须要严格要求自己，自己首先做到，再要求别人去做。自制是一种最难得的美德，有自制力才能抓住成功的机会。

成功的最大敌人是自己，缺乏对自己情绪的控制，会把许多稍纵即逝的机会白白浪费掉。比如，愤怒时不能遏制怒火，使周围的合作者（包括同事、客户、供应商、同行等）望而却步；消沉时，则会放纵自己，令自己一蹶不振。

5. 唯有进取，才能超越自我

“进”是一种前进的动力，人们只有不断地进步，不断地学习，才能不断地提升自己的能力，让自己在工作中无往不利；“取”是指获取，只是在获取之前，需要先有所付出。天下没有免费的午餐，有付出才会有收获。美国励志书籍作家希尔（Napoleon Hill）如是说：“世界会证明你的付出没有白费，在未来的某一天，它会全部回报给你!”

21 世纪是变革的世纪。唯有变革，改变以往的思维模式和管理模式，才有可能让企业更好地生存。“大鱼吃小鱼”更多地成为“快鱼吃慢鱼”。

要么进取，要么出局，对于一家企业如此，对于一个人更是如此。

在发展过程中，不断地向自己的极限挑战，把 1% 的希望变成 100% 的现实，成功才会光顾你的人生。

爱迪生为了寻找合适的材料做电灯泡，进行了 1 000 次实验，当有人嘲笑他失败时，他却自豪地说：“我已经发现有 1 000 多种材料不适合做电灯泡!”这样的胸襟、这样的气度、这样的智慧，真让人拍案叫绝。而这一切，不正是源于爱迪生与众不同的思考角度吗?

超越 1 秒钟前的自己，将会使人生走向圆满与成功。

6. 协作才能共赢

说到协作，自然就要提到团队。团队要求发挥每个人各自的才能，并注重交流以完成“1 +1 >2”的效果。

团队必须合作才能共赢。合作就会有力量，合作企业才会繁荣。领导才能的体现之一就是促进所带领团队的精诚合作。

单打独斗、个人英雄主义已经很难在新时代的环境中取得成功。成功的生存，仅靠自己的力量是不行的，任何人必须依靠他人才能获得更大的成功。

在企业发展过程中，领导者与员工、员工与员工的这种共赢关系，是一种良好的互动方式，带动了企业的发展壮大。

彼此协作是生存的根本。无论是对于个人还是对于企业，忽视协作的价值，缺乏协作的精神，无异于自己断了生存的根本。一个有协作精神的员工，才能真正承担起工作责任，也才能真正做好工作。只有善于协作的人，才会真正地成功；只有懂得团结协作的人，才会成为真正的赢家。

7. 带着激情去工作

激情，是一种强烈的情感表现形式，是一种洋溢的情绪，是一种积极向上的态度，是一种高尚的珍贵的精神，是对工作的热衷、执着和喜爱的体现。工作热情在某种程度上是工作能力的前提和基础。人在激情的支配下，常能调动身心的巨大潜力。

“带着激情去工作”，是对工作应有的责任。“带着激情去工作”，承载的是一种责任。责任就是动力，责任就是最好的鞭策。有了这份责任，一个人就会清楚自己要干什么，怎么去干；有了这份责任，就会积极主动地去开展工作，创造性地完成工作。

“带着激情去工作”，是工作时应有的状态。“带着激情去工作”，体现的是一种“状态”，是蓬勃向上的朝气、攻坚克难的勇气、昂扬奋进的锐气。这“朝气”，这“勇气”，这“锐气”，就是激情。在工作中是否倾注了激情、倾注了多少激情，会有不同的工作状态。激情是一种可贵的状态，“带着激情去工作”，是职业人工作中应有的状态。

“带着激情去工作”，是谋大事、干成事的“催化剂”。“带着激情去工作”，折射的是一种思想境界。工作从来就不是冷冰冰的，只有融入情感的力量，保持激情的状态，才能体会到辛苦工作中蕴含的温度与厚重，才能激荡起让人夜不能寐的梦想与抱负。

“带着激情去工作”，一个人就会把个人名利看得很淡，把团队的利益看得高于一切，就会时刻想着企业，就会想方设法为团队做贡献。

“带着激情去工作”，就能有效防止精神懈怠的危险，这不仅是对每一位职业人的要求，也是职业人发现人生意义、实现人生价值的内在需求。激情工作，工作也必将回报以更为快乐、更为充实、更有意义的人生。

职业人生里充满了荆棘与坎坷，这七种态度也会有更具体、更细致、更细小的体现。面对各种工作压力，一个人只有端正了工作态度，才会发现其实工作也是充满乐趣的。也许就在明天，睁开双眼，正确的工作态度会让你新的一天的工作充满阳光！

训练活动

活动：组内分享，对标七种职业态度，找一找自己的差距。

第二节　职业态度养成

【任务】　检索职业态度的养成方法。
【目的】　了解并掌握职业态度的养成方法，并应用到工作过程中。
【要求】　分组讨论，良好的职业态度养成后，会为职业生涯带来哪些优势。

故事案例

面试实例二

面试官：你认为职业与工作之间有何区别?

问题分析：这类题目考查的是应聘者的职业化行为，想测试应聘者的职业态度。不论什么企业、什么岗位工作，面试官都希望应聘者把所应聘的工作看作专业发展中的一个平台，而不仅仅是一份工作。

应聘者：对我来说，有了职业便意味着有了进取的机会和发展的平台，但这并不是说就有了固定的、可以预知结果的道路。工作过程中我更愿意承担更多的责任，充分发挥自己的工作积极性和主动性，这是自我发展的一个平台，只有平台稳固了，自己才能有更大的发展空间。对我而言，工作不仅是一种简单的谋生手段，更是一件能让自己找到个人价值、充分发挥个人潜能、给生活带来实际意义的事情。

点评　应聘者的回答表明他很好地理解了面试官的意图，把回答的重点集中在“职业意味着什么”这个重要的问题上，阐明了自己的工作态度，这反映出他是一个工作态度积极、敬业且具有职业化行为的员工，很容易给面试官留下良好的印象。

个人的职业态度，对其职业选择的行为有所影响。观念正确、心态健全的人，对职业的选择较积极、慎重，做出正确选择的机会较大；相反地，观念不正确、心态不健全的人，对职业的选择具有推诿搪塞、轻忽草率及宿命论的倾向。因此，正确的职业态度的养成乃是不容忽视的课题，基本上，其可分成三大部分来探讨。

一、家庭教育部分

“万般皆下品，唯有读书高”的观念，普遍深植在一般人的脑海里。大多数的家长都希望子女能获得高学历，因此，家长只注重孩子的学业成绩，对具有职业试探功能的课程多不重视。其实职业试探课程，如艺能课程、职业选修课程、技艺教育课程等，除了有陶冶情操的功能外，还可以让孩子了解自己的能力、兴趣，培养孩子的职业道德，对职业知识与技能的学习、对未来工作世界的认识都有帮助。因此，家长应多鼓励子女，利用职业试探的机会，好好了解自我的能力与兴趣，以做出对个人最有利的选择。

家长本身也是子女学习的对象，家长的言行举止对孩子的影响相当深远。所以，为人父母者，应该以身作则，对自己的职业抱持乐观、积极、敬业的态度，让子女对其未来的职业亦充满希望，养成健全的职业态度。

二、学校教育部分

学校是学生受教育的主要场所，学生的许多行为、价值观都是在校园中养成的，学生在选择职业之前的时间大多是在学校度过的，因此，职业态度的养成亦是学校教育的重点之一，特别是职业或专科学校。因此，学校应彻底实行职业试探及职业辅导的工作，以帮助学生养成正确的职业态度。

职业试探可帮助学生了解自己的能力和兴趣，职业辅导则是协助个人了解自己及各种职业数据，为选择从事职业、准备职业技能、进入某种职业做准备，并使其在职业上求发展的一种历程。所以，职业辅导对职业态度的养成有很大的影响，学校教育应该彻底落实职业辅导工作才是。

美国著名社会改革家帕森斯（Frank Parsons）提出职业辅导有三项原则。

（1）对自己的了解：了解个人的智力、兴趣、态度和不足。

（2）对各种职业成功的认识：提供有关工作上所需的态度、教育、训练、进度和报酬等数据。

（3）阐明个人与职业的关系：合理地了解自己和各种事实的关系及自己工作的潜能和环境的事实。

为使学校的职业辅导工作顺利进行，应建立健全的行政体系，拟订辅导工作计划及具体办法，结合各地区就业辅导中心，加强推动学校职业辅导工作；平时即进行职业准备教育，临毕业再进行职业选择、职业安置辅导，继之以延续辅导，使学生能认识、了解各种不同的工作世界，并充分了解自己的能力、兴趣及社会的需求，以便把握各种机会，同时，加强正确的职业观念，增进就业信心。

三、社会教育部分

终身学习是教育的主要趋势，个人在离开学校之后，便进入了“社会”这个大环境中，社会教育便对个人产生影响。政府在各地皆成立了就业指导中心，也致力于就业安全制度的建立，职业市场本身必须健全，要投入就业市场的个人才会有健全的职业态度。社会教育部分，必须靠大家的努力才能更加完善。

训练活动

活动：小组讨论并分享职业态度养成方法。

第三节　关键能力素质

【任务】　检索并罗列关键能力素质相关内容。
【目的】　了解关键能力素质内容，并在就业过程中付诸行动。
【要求】　掌握提升关键能力素质的方法。

故事案例

坚守诚信、正直的原则①

李开复

我在苹果公司工作时，曾有一位刚被我提拔的经理，由于受到下属的批评，非常沮丧地要我再找一个人来接替他。我问他："你认为你的长处是什么?"他说："我自信自己是一个非常正直的人。"我告诉他："当初我提拔你做经理，就是因为你是一个公正无私的人。管理经验和沟通能力是可以在日后工作中学习的，但一颗正直的心是无价的。"我支持他继续干下去，并在管理和沟通技巧方面给予他很多指点和帮助。最终，他不负众望，成为一个出色的管理人才。现在，他已经是一个颇为成功的公司的首席技术官。

与之相反，我曾面试过一位求职者。他在技术、管理方面都相当出色。但是，在谈论之余，他表示，如果我录取他，他甚至可以把在原来公司工作时的一项发明带过来。随后他似乎觉察到这样说有些不妥，特别声明：那些工作是他在下班之后做的，他的老

① 李开复给中国大学生的第一封信：从诚信做起[EB/OL].(2018-11-20)[2022-2-10].https://www.dxsbb.com/news/239.htm.

板并不知道。这一番谈话之后，对于我而言，不论他的能力和工作水平怎样，我都肯定不会录用他。原因是他缺乏最基本的处世准则和最起码的职业道德“诚实”和“讲信用”。如果雇用这样的人，谁能保证他不会在这里工作一段时间后，把在这里的成果也当作所谓“业余之作”而变成向其他公司讨好的“贡品”呢？这说明：一个人品不完善的人是不可能成为一个真正有所作为的人的。

我在微软研究院也曾碰到过类似的问题。一位来这里实习的学生，有一次出乎意料地报告了一个非常好的研究结果。但是，他做的研究结果别人却无法重复。后来，他的老板才发现，这个学生对实验数据进行了挑选，只留下了那些合乎最佳结果的数据，而舍弃了那些“不太好”的数据。我认为，这个学生永远不可能实现真正意义的学术突破，也不可能成为一名真正合格的研究人员。

最后想提的是一些喜欢贪小便宜的人。他们用学校或公司的电话打私人长途、多报销出租车票。也许有人认为，学生以成绩、事业为重，其他细节只是一些小事，随心所欲地做了，也没什么大不了的。然而，就是那些身边的所谓“小事”，往往成为一个人塑造人格和积累诚信的关键。一些贪小便宜、耍小聪明的行为只会把自己定性为一个贪图小利、没有出息的人的形象，最终因小失大。对于这些行为，一言以蔽之，就是“勿以恶小而为之”。

一、职业化行为

职业化行为是指个人在经过系统的职业化训练后，在组织或团队工作中所表现出来的具备相当职业素养的组织行为，也可以理解为能够为客户提供最为专业化的服务，并确保任务能够按照承诺完成的能力。

职业化行为的行为标准包括：优秀的自我管理和情绪调节能力、卓越的时间管理能力、计划管理能力、自我工作能力、学习能力、团队行为能力、资源整合与利用能力、执行力与领导力等（表6-1、表6-2）。

表6-1　职业化行为的行为特征

能力素质	具备此能力素质的行为特征	不充分具备此能力素质的行为特征
职业化行为	1. 任何时候都保持一个职业化的形象，了解自身的形象代表公司的形象。 2. 只开展符合法律和职业道德的业务实践，不以任何原因牺牲以上标准。 3. 对于客户、同事均给予尊重，愿意了解他们的想法。 4. 保持独立的思考，不为获得客户好感而放弃个人观点。	1. 遇到困难或压力时忘记自身应该保持的职业化形象，情绪化地解决问题。 2. 受某些利益的驱使，放弃应该遵守的法规和职业道德。 3. 不愿意了解他人的想法，武断地做出不客观的判断。 4. 无法维持独立思考，个人观点非常容易受他人影响而改变。

表 6-2 职业化行为的行为分级定义

能力素质	级别	行为表现
职业化行为	1 级	1. 能够按照公司的要求，遵守员工手册的各项规定，认同企业文化，保持应有的职业形象。 2. 能够遵纪守法，尊重同事，不生事端。
	2 级	1. 能够主动遵守员工手册的各项规定，服从公司利益，保持良好的职业形象。 2. 在同事中能起带头作用，客户口碑较好，愿意倾听别人的意见和建议。
	3 级	1. 能够严格遵守公司的各项规定，是同事心目中的楷模。 2. 能够倾听别人的意见和建议，富有同理心，大局观强，把团队和公司的利益放在首位。 3. 能够把工作当成自己的事业来做，独立思考，富有原则性，善于帮助别人成长。

二、充满工作激情

充满工作激情，就是指积极、执着地为改善企业营运成效而努力，采取主动的态度，即使需要承担适度的风险。

一个成功的职场人，一定是在工作中始终保持激情的人，无论从事什么样的工作，做了多久，他们都不会厌倦，所以他们更容易进步。他们的身上，始终焕发出勃勃的生机，感染着身边的每个人，也因此给自己带来了快乐和高效率的工作成果（表 6-3、表 6-4）。

表 6-3 充满工作激情的行为特征

能力素质	具备此能力素质的行为特征	不充分具备此能力素质的行为特征
充满工作激情	1. 高度积极地对待工作成果，对于任何决定都能够马上落实到行动上。 2. 积极主动地把握机遇，不让任何一次机会从手中溜走。 3. 愿意寻找更好的工作方式，自问“为什么不这样做”，永远不认为已经找到了最好的工作方式。 4. 不管遇到怎样的困难和压力，都会坚持到底，达成目标。	1. 对于工作的结果采取得过且过的态度，或是做出决定之后只是停留在口头上，没有落实到行动当中。 2. 满足现有的状态，不愿意问自己“我还可以做到什么”。 3. 看到问题或机会，却迟迟不采取行动。 4. 开始工作却又因为遇到阻碍而放弃，不能够坚持自己的目标。 5. 自满，容忍浪费和低效率。

表 6-4　充满工作激情的行为分级定义

能力素质	级别	行为表现
充满工作激情	1 级	1. 能够认真对待工作的结果，接受任务后，能够循规蹈矩地完成任务。 2. 能够发现问题，会求助于别人，对当前的状态较为满意。
	2 级	1. 能够积极主动地承担任务，并且能很快行动，完成任务。 2. 善于思考，不满足于现状，常常会问自己“我还能做些什么”。
	3 级	1. 能够抓住各种机会，并善于在做好手头的工作中创造机会。 2. 能够反思自己，常常追问“为什么不这样做”，永远追求更好。 3. 即使知道会有风险，也能够坚持到底，直至成功。

三、诚信正直

诚信正直，就是指以企业的道德规范正直处世，遵守各种规章制度，并抵制不道德的行为。

诚信正直是一个人安身立命的准则，是衡量是非对错的标准，是人生规划中的哲学基础。一个人想要在社会立足，干出一番事业，就必须坚守诚信正直的原则。一个弄虚作假、欺上瞒下、骗取荣誉和报酬的人，是不可能取得成功的。一个人可能有许多优点，如勇敢、智慧、乐观、坚强、宽容等，但诚信正直是这一切优点的基础。如果一个人不诚信、不正直，这一切所谓的美德都将不复存在，因为基础没了（表 6-5、表 6-6）。

表 6-5　诚信正直的行为特征

能力素质	具备此能力素质的行为特征	不充分具备此能力素质的行为特征
诚信正直	1. 遵守职业规范，明确自己的职业行为标准与处事原则。制止不道德的商业行为。 2. 在需要时，客观提供基于事件本质的正确信息，不夸大或缩小事实，不散布未经正式渠道证实的信息。 3. 在职业交流中，以诚实的态度对待人，尽可能客观、全面地让对方充分了解全部信息。 4. 在面临风险或压力的情况下，仍然坚持以企业的利益为先。	1. 漠视甚至表现出不符合职业道德的行为，违反职业规范。 2. 迫于压力，按他人意愿改变自己的个人观点，不客观地提供事件的本质信息。 3. 从个人利益出发，夸大或缩小事实，散布未经正式渠道证实的信息。 4. 在工作事务上，出发点并非企业利益而是个人利益。

表 6-6 诚信正直的行为分级定义

能力素质	级别	行为表现
诚信正直	1 级	1. 遵纪守法，遵守社会公德，遵守公司的政策原则和规章制度，不超越制度规定权限。 2. 不轻易承诺，但对承诺过的事情会想办法实现。
	2 级	1. 不说假话，真实反映客观情况，不为个人利益隐瞒事实或欺骗他人。 2. 对事情进行公平公正的评价和处理，不受个人利益的影响，遇到利益诱惑时能够顶住压力，坚持原则，正直廉洁，不凭借权力牟取个人私利。
	3 级	1. 从自我做起，自觉维护企业在市场中树立的诚信形象，做他人道德行为的楷模。 2. 对于他人违法经营、损害企业诚信形象的行为能够勇敢说服和劝导，做到自我监督和与他人的相互监督。

训练活动

活动：分组检索并分享，职业化行为中本节尚未列举的能力素质的行为特征。

本章总结

思想有多远，我们就能走多远。在同一条起跑线上，态度决定一切，要学会用美好的心情去感触生活。手头的小工作其实正是大事业的开始，能否意识到这一点意味着能否做成一番大事。如果每个人都像本章导入案例中的第一个人，愁苦地面对自己的工作，那么再好的工作也不会有什么成效；而同样平凡的工作，看似一样的简单重复、枯燥乏味，有人却能以快乐的心情面对，在平凡中感知不平凡，在简单中构筑自己的梦想，那么还会有什么样的困难不可以克服呢？

思考练习

1. 一般情况下，怎样的工作情形会让你产生沮丧的情绪？
2. 你如何看待诚信这个问题？请举例说明。

第七章
学会压力管理

学习目标

通过本章的学习和训练，你将能够：

- 正确理解职场中压力的内涵。
- 合理分析压力源。
- 强化压力管理的意识。
- 提升压力管理的能力。

案例导入

某世界500强企业的市场总监戴某，对自己的闺蜜倾诉：自己最近情绪非常压抑，睡觉时多梦、易醒，工作中总是提不起精神，感觉自己快挺不住，即将崩溃了。

对企业来说，且不论培养一个市场总监要花费多少人力、物力和心血，就是要寻找一个可以立马上手的市场总监也是一大难题。

戴某是位很阳光、精明能干的女性，亦是一位非常优秀的女性——来到企业只有三年，由于工作突出、成绩优秀，从众多佼佼者中脱颖而出，从一个普通的市场营销员迅速成长为市场总监。当上总监后，她面对的部下都是拥有本科、硕士甚至博士等学位的高学历者，他们年轻、思维敏捷、创新能力强、执行力强。只有中专文凭的戴某感觉自己与他们相比，差距较大，越比压力越大，越比越不自信，感觉自己的地位越来越不稳了。要强的她，工作上对自己十分苛刻，过分地要求完美，不允许自己出半点差错；空余时间全部用在充电、补充知识上。但是，她发现自己现在的学习热情越来越低，学习的效率更低，越来越学不进去了，而且出现了睡眠障碍，多梦、易醒。虽然部门的业绩也有很大提升，但是她没有半点成就感，反而觉得即将崩溃。

案例讨论

1. 案例中戴某的这些压力主要来自哪些方面？
2. 寻找其他从业人员压力源，请问该如何进行自我压力管理和缓解？

压力问题越来越成为当代社会人们关注的重要话题，越来越快的生活和工作节奏成为一系列疾病的重要影响因素，也成为工作效率下降、旷工和离职的重要原因。随着国际竞争的加剧，职业的变迁和流动性加大，员工与组织之间的关系逐渐松散，工作压力呈现不断增加的趋势，并正在成为人们生活中必然的组成部分。那么，如何进行有效的压力管理呢？减“压”减的是什么呢？

第一节　感知压力

【任务】　请评估并记录自己的压力，思考平时导致自身压力的原因。
【目的】　熟悉压力的概念，了解压力的分类。
【要求】　掌握什么是压力，便于接下来更有针对性地缓解压力。

故事案例

小许是新入职财务处的一名应届大学毕业生。在工作中，她觉得力不从心，很多看起来简单的事情，她做起来却很吃力，而且频频出错。除此之外，她发现大学学到的东西根本用不到工作中去，她不禁对自己的能力以及专业知识水平产生了很大的怀疑。渐渐地，她做事越来越没有自信，甚至害怕去上班，害怕领导交代她做事，每天的情绪处于低落状态，甚至想到了辞职。她的压力源是什么？应该怎样缓解这种压力？

一、压力的概念

1. 压力的含义

第一，它是那些使人感到紧张的事件或环境刺激。
第二，它是一种主观的内部心理状态。
第三，它是人体对需要和威胁的一种生理反应。

2. 压力的本质

压力是一种无形的力量，存在于精神或心理层面，会导致心理和社会适应方面不健康，进而影响生理健康。

二、压力的种类

1. 压力产生的效应分类

（1）积极压力。

所谓积极压力，是指就长期而言，会产生正面、积极与顺利结果的压力。例如，就任新职、参加竞赛或结婚。

（2）消极压力。

所谓消极压力，是指就长期而言，会产生负面、消极与不好结果的压力。例如，失业、离婚或生病。

2. 压力对个体负荷程度分类

（1）过度压力。

所谓过度压力，是指超过个体所能容忍，无法因应且会造成严重后果的压力。

（2）轻度压力。

所谓轻度压力，是指个体能够容忍，可以处理而且也不会产生太多负面反应的压力。在一般正常的情况下，大部分的压力都属于轻度压力。

训练活动

活动一：分组讨论，往往什么时候学习效率最高。

活动二：长颈鹿的脖子怎么那么长？查阅资料，世界上的生物还有哪些优胜劣汰的例子。

第二节　正视压力

【任务】　检索关键词，并用一张 A4 纸将职场人员的压力源记录下来。

【目的】　掌握压力源，了解具体的压力反应，掌握缓解压力的方法。

【要求】　熟知困扰大学毕业生的四大压力，并学会缓解压力。

故事案例

小雅（化名）是南京××职业技术学院2022 届毕业生，这学期不仅报考了专转本，还报名参加了计算机二级、英语四级考试等。然而，现在的她却感觉到前所未有的迷茫："与当初考大学时的目标明确比较起来，现在我觉得自己失去了方向。不知道接下来到底该往哪个方向走。"为此，小雅患上了严重的失眠症，时常感到焦虑、抑郁、急躁不安。像小雅的这种状态，在毕业生中存在率着实不低。

一、困扰大学毕业生的四大压力

通过调查显示大学毕业生的心理压力主要分为以下四种。

1. 就业压力

就业是大学毕业生面临的首要问题。近年来，大学生找工作，或者说找比较理想的工作越来越困难，特别是一些比较"吃香"的单位或岗位已经出现了"千军万马过独木桥"的严峻局面。就业成为大学生普遍关注的话题，也成了大学生诸多压力中的最主要的压力。就业压力还来自个体家庭背景的差异。因此，一到找工作，一部分学生就会为自己的前途感到焦虑、担忧。

同时，就业压力还导致大学生特别是女大学生对自身外貌的关注。调查中发现，41%的同学担心因自己长相平平而在就业中吃亏，而21%的同学则已经开始担心自己毕业后面临的婚姻恋爱问题，甚至有一小部分同学萌发了整容、整形的念头。

建议：心理咨询专家指出，疏解这种压力要从主观与客观两方面入手。主观方面，降低期望值，明白一步到位很难，现在的状况只是一个起点，要努力提高自身竞争力，关键是看未来发展。客观方面，避免走入跟风的误区，比如在外貌问题上，它并非理想工作的必要条件，获得一份理想的工作更多地凭借才干、道德水平、风度气质等。同时，学校也应做好学生的就业指导工作，比如对择业种类、择业地区等问题进行综合指导和教育。

2. 交往压力

这里的交往包括两种：一种是学校师生之间、同学之间的交往；一种是学生和社会人群的交往。

美国社会心理学家的一项调查认为，使人们感到幸福的既不是金钱，也不是名利、地位和成功，而是良好的人际关系。在大学生群体中，渴求交往但又惧怕交往的现象非常普遍，对交往的渴求与自身实际交往能力不足之间的矛盾，以及目前生活中对交往能力的极度重视，这些都会形成某些大学生的交往压力。

很多大学毕业生步入社会，面临的第一个不适应就是人际交往。因为社会竞争是来自全方位的，周围什么年龄、脾气的人都可能会出现，刚毕业的大学生难免会感觉跟其中有些人处不好关系。特别是部分实习过的同学，在短暂接触社会的过程中更是深切地感受到了这种压力。

建议：心理专家指出，要建立良好的人际关系必须做到以下几点。第一，要善良，能设身处地为他人着想；第二，要待人热情、坦诚，适当处理合作与竞争；第三，还必须清醒地把握自己的角色，注意交往的分寸；第四，要适当学习，掌握交往的方法和技能。

3. 学习压力

很多大学毕业生为了适应社会激烈竞争的需要，或拼搏于考研、考公务员，或忙于考取各种证书、参加各种技能培训班。过多的学习头绪、过重的学习任务，都给大学生带来了巨大的压力。同时，67%的同学在整理简历的过程中对自己的简历不满意，特别是在与用人单位交流中，更加觉得不够“光鲜亮丽”。还有47%的同学表示很为毕业论文烦恼，不论是为了展示自己的水平，还是为了顺利毕业，确定选题、找指导老师、定稿、答辩等过程成了困扰大家的“心病”。

建议：心理专家指出，缓解这一压力的关键在于不要与同学横向攀比，只要自己比原来好就是进步。同时，还要明白现在的优秀与否并不代表以后，生命中每个时刻都是起点，一定要善于抓住机会，创造新的成绩。

4. 生活压力

生活压力主要来自两个方面：一是经济压力，一些贫困毕业生一旦走向社会就要偿还部分大学费用，甚至还要承担补贴家用的责任，这在就业形势不乐观的情况下给许多学生带来了莫大的压力；二是自理自律压力，毕业意味着自食其力，而一直以来学生所受的教育是“学习就是一切”，比较忽视基本生活技能的训练。因而不少人缺乏经济和生活上的自理和自律能力，很多人不会或不善于独立生活和为人处世，面对挫折和新的环境，往往缺乏相应的自我调节能力。

建议：心理专家指出，降低欲望，不要在物质上攀比，心情就会好。而对于毕业后的生活压力，不要杞人忧天地去担心目前还无力着手的事物，以“车到山前必有路”的乐观心态去处理这些问题。

此外，与父母在就业问题上的分歧、角色转换与适应的障碍、健康状况、失恋等问题和压力也困扰着许多大学毕业生。面对上述心理压力，建议大学生积极通过心理咨询、交友、运动、聊天等方式及时进行调节和释放。学校应通过心理咨询室、校广播站、校园网等多个渠道开展心理健康教育，使大学生学会自我心理调适，消除心理困惑。

二、从业人员的不同压力源

1. 知识、技术更新

由于技术含量高、知识更新快等工作特点，员工们要面对沉重的工作任务、紧迫的完成时间、同行之间激烈的竞争，加之行业的知识更新迅速，需要他们不断进行自身的“充电”“增值”以免落伍被淘汰，这些最终导致其身心疲惫不堪，健康状况令人担忧。

2. 社会地位

大学生毕业后从事的工作以往都属于高收入、高认知度的行业，现在光环褪去，应届毕业生们的心理落差也动摇了最初的信心。自我困惑折磨着曾经充满理想的年轻人们。

3. 职业发展

著名的压力研究专家拉扎勒斯（Richard S. Lazarus）认为：一个人如果老是体验不到生活的快感和情绪的振奋，也一样容易生病。而且，这种影响相对于急性压力来说，对身体的影响更为不利。正常人因为长时间从事一项技术工作难免会产生一定的厌倦情绪，如果能够适时地进行工作的轮换或者职位上的升迁，可能会缓解这种工作本身带来的情绪；否则，其便会带来工作上的挫折感及对自我价值的怀疑等压力。

4. 人际关系

在人际关系中与他人割裂也是形成压力的主要原因，而人际关系冷漠恰恰是多数职场的特质。在一次采访中，被别人喻为“技术天才”的工程师和技术主管如是说：“我不善于和人打交道。”“我很害怕管理类型的工作。”“我只喜欢宅，下班后最大的乐趣便是玩游戏。”

三、压力的双重作用

面对诸多压力，我们常常听人这样说：“要顶住压力啊！”今天，大家要认识到，生活是一定会有压力的。刘翔曾说过，大赛前不可能不紧张，太紧张不好，完全放松也不对，适当的紧张会有利于创造好的成绩。所以我们不要顶住压力，而要利用好压力，让它成为我们成功路上的铺路石。

压力像“糖精”，一点点的糖精会使爆米花变甜，而大量的糖精却使得食物变苦。

压力像“香料”，适量的香料使香水变香，过量的香料使香水变臭。

一点点的压力是生活的动力，太多的压力则会使人崩溃。

1. 适度的压力可以激发潜能

豆芽是如何粗壮的？小时候自己曾经尝试过泡豆芽，但总发现豆芽长得又细又小，远没有街上买的豆芽粗壮。后来才发现，菜农泡豆芽是有窍门的：他们并没有给豆芽添加什么营养素或化肥，而是只在浸泡的豆子上面压一块塑料板。豆芽想冒出来之前，就已经感受到上面的压力，于是它先使自己茁壮，增强自己的实力，拼命往上顶。因为接受了压力的考验，豆芽就变得又粗又壮。

《蓝色狂想曲》是如何诞生的？作曲家格什温（George Gershwin），原来一直默默无闻。但有一天他的朋友在报纸上登了这样一条消息，说是“著名音乐家格什温要在两个星期以后在某剧院上演他的交响乐《蓝色狂想曲》”。虽然并不是很精通交响乐，但考虑到自己的声誉，他看到这个消息以后只好硬着头皮去做。两个星期以后，《蓝色狂想曲》诞生了并引起了轰动，这也奠定了格什温在乐坛中的地位。

2. 过度的压力对人的影响

（1）对工作。

工作效率降低；对工作缺乏兴趣；与上下级或同事关系不良；工作失误增加；由非疾病导致的缺勤增加；病假次数增加。

（2）对生活。

吸烟或饮酒量增加；脾气暴躁、易怒；失眠或其他睡眠问题；消极情绪产生；生理疾病出现（如肠胃病）；与伴侣、子女关系不良。

训练活动

活动一：讨论针对以上职场人员的压力源，具体的压力反应是什么。

活动二：思考你有压力吗？如果有，有哪些？来自何处？为什么会有？

第三节　管理压力

【任务】　运用压力管理方法，安排自己一天的工作和学习，并记录下来。

【目的】　掌握压力管理攻略，合理对待压力。

【要求】　熟悉压力管理的方法，指出运用压力管理方法后的成功之处。

故事案例

这杯水有多重?

教师手持一杯水问："同学们，你认为这杯水有多重?"有人说是半斤，有人说是一斤。老师说："这杯水的重量并不重要，重要的是你能拿多久？拿一分钟，谁都能；拿一个小时，可能觉得手酸；拿一天，可能就得进医院了。其实，这杯水的重量是一样的，但是你拿得越久，就越觉得重。这就像我们承担着的压力一样，如果我们一直把压力放在身上，到最后就觉得压力越来越沉重而无法承担。我们必须做的是放下这杯水，休息一下后再拿起这杯水，如此我们才能拿得更久。所以，各位应该将承担的压力于一段时间后适时地放下并好好地休息一下，然后再重新拿起来，如此才可承担更久。"

一、正确对待压力

我们在职场上也一样，工作的压力越来越大，如果我们就像拿起杯子一样"拿起"它而不放下，即使一点点压力也会让我们不堪重负；但如果我们将工作上的压力于下班时放下而不带回家，回家后好好休息，明天再"拿起"压力，如此哪怕再大的压力也不会觉得苦，甚至会把这种压力转化为一种动力。

（1）人在每个阶段和每个时间点都是有压力的，只是每个人的压力有大有小，所以对压力要有一个正确的认识，压力不是只发生在自己身上，压力也不是必须有的。

（2）如生活的压力、工作的压力，这些足以引起我们发生反思的时候，说明我们的压力已经足够大。正确地面对压力，可以使我们摆脱压力的困扰，或许还有意想不到的收获，比如，使我们获得足够大的正能量，使我们看到新的光明、新的道路。就像冬天的天气，下雨前天都是黑色的，没有光明，但这是短暂的，黑暗过去将是阳光灿烂。

（3）对于人际关系和工作的压力，我们要寻找正确的处理方式、正确的沟通方式。现在图书馆里这方面的书籍举不胜举，一个人可以多多读书，就算所有的书籍都不适合自己，但是只要有看书的计划，总会有那么一本书，有某个具体的生活道理使你受到启发，那么它在一点点地销毁你的压力堡垒，或许在不知不觉中，压力已经得以释放。

（4）面对压力要学会释放，不能因为压力存在而消极对待，这样只能使压力不断增大。就像不好的习惯，如果变成了生活的组成部分，那只会使情况更糟糕。保持良好的心态是一个人走出压力的正确路径。

（5）在现实生活中，我们或许是压力的受害者，当然如果你处于某种特定的压力需要状态，适当的压力不能使你偏航。只要你是智慧的，你的知识是有高度的，我相信你会学会正确使用压力。

二、压力管理策略

如果一个人想走出“高压状态”，放松心情，以积极的心态开始每一天，那就需要合理地释放压力，缓解压力。

判断解压方式是否科学有两个原则：一是达到自我放松的目的，二是不危害自我、他人和社会。这两个原则看似简单，却并不是那么容易做到的。用过于放纵的生活方式来减压，在刚毕业的就业人群中并不少见，这其实是一种恶性循环，用刺激的体验来填补空虚的内心，刺激过后，失落将更大。因此，阅读一些相关书籍或者网络资料，可以使个人的压力应对更有科学性和实效性。

常见的个人压力管理策略包括学会享受压力、了解自身抗压能力、培养自信心、社交支持、自我放松技术、健康的生活方式、时间管理等方面。

1. 学会享受压力

著名心理学专家塞利（Hans Selye）曾经在其畅销书《压力无烦恼》中这样说：“我不能也不应该消灭我的压力，而仅可以教会自己去享受它。”

在压力管理研究中，缓解压力的第一步是自我认知的重构，这是最重要也是最艰难的部分。而在自我认知中，自我肯定是重构自我的基础。

2. 了解自身抗压能力

个人应对工作压力，首先要对自己的性格以及压力管理能力有一个大概的认识。一次调研中有一位深度访谈者，他经常被繁忙的工作包围，周围的同事和朋友经常认为他是工作狂。那么，个体就应该自问：“我是否正承受着很大的压力?”“我能否有效地管理压力?”“我的工作是否与性格相匹配?”在这里，“相匹配”不仅是从能力上分析，更是从性格上分析。针对此深度访谈者，他就应该有意识地让自己的工作节奏放缓，积极参加工作之外的休闲娱乐，松紧搭配，有张有弛。当然，由于社会等一系列因素的限制，一个人往往不能完全自由地选择职业，但了解自身抗压能力还是非常必要的。

3. 培养自信心

抵御工作压力并保持快乐工作状态的一个重要因素就是自信心的培养，增强自信心，可大大缓解工作压力。面对工作上的问题，即使有实力但缺乏自信心也容易陷入“不行了”“做不到”等消极思想中，从而增加工作压力。

自信心培养方法：

（1）强健体魄，这是培养积极自我的基础。

（2）改变思维方式，遇到问题或沮丧情况时积极地看待问题。

（3）处理有挑战性的工作或问题，逐步培养起自己的自信心。

（4）积极主动地学习，努力提高工作能力。

（5）积极地自我对话，适度地自我赞美和自我激励。

4. 社交支持

社交支持大多来自亲人、同事和朋友。有这样的支持系统，心理上就有了安全感和归属感，能增强我们的自信心，同时提高我们应对工作压力的能力。

与来自亲人朋友的支持相比，工作同事的督导和社交支持能更有效地缓解工作压力，因为同事和自己所处的工作环境相似，对工作内容更为了解，也对彼此承受的工作压力有更为深切的体会。因此，在工作过程中需要有意识地建立与同事和主管人员的良好的人际关系网络。在遇到工作压力或者工作难题时，有可以倾诉或为自己提供客观分析及问题解决方法的人，可使工作压力问题得到缓解。

5. 自我放松技术

自我放松技术不是万能药，它不能弥补工作技巧和专业训练的缺乏，但可以帮助我们判断什么时候对环境失去了控制，可以适度地降低过度的紧张感。旅游、运动、正确的呼吸方式都可以帮助我们放松身心，减轻紧张感，使人平静，从而达到缓解工作压力的作用。对于刚毕业的从业人员来说，学习一两种自我放松技术对缓解自身的工作压力很有必要。

6. 健康的生活方式

据一项调查显示，较多行业普遍存在工作超负荷的现象。每天工作 8 小时以上者的比例高达 77.8%，其中每天工作 11 小时以上者比例竟有 22.5%。而 95% 的公司白领处于亚健康状态，尤其是高科技行业、IT 行业人士。因此，合理的饮食、充足的睡眠、适度的锻炼和健身运动都被证明对缓解工作压力起到积极作用。

7. 时间管理

许多工作压力是时间不够造成的，管理好自己的时间，提高工作效率是缓解工作压力的一种重要方法。有效地管理时间首先要改变错误的思想观念和行为，如犹豫不决、精力分散、拖拉、逃避、中断和完美主义等。比如，我们喜欢拖延自己不喜欢做的工作、有困难的工作、难以决定的工作，结果问题并没有解决，最后到非处理不可的时候，发现时间已经来不及了，从而给自己造成更大的压力。

训练活动

活动一：你在遇到困难时能主动去请求别人帮助吗？通常得到哪些人的帮助？

活动二：做一做“我的支持系统”。

概述

在一张纸的开头写下“我的支持系统”，下面标上序号，你想标多少就标多少。

想一想，当你遇到困难或难题时你能够依靠的人。按你最先想到的顺序把这些人写在纸上，要求要有三种人以上。

第四节 缓解压力的要诀

【任务】 检索并记录，分享书本以外解压的方法。

【目的】 熟悉并掌握缓解压力的方式。

【要求】 规划自己一天的工作安排，培养 1 ~2 个兴趣爱好。

故事案例

一

小张大学毕业后，三年之内频频跳槽，却屡屡不如意。每个工作都不超过两个月，最后对找工作失去了信心，觉得自己太无能，不想再去面对，“宅”在家里一年多，不和任何人接触，陷入自闭状态……

对策：虽说“水往低处流，人往高处走”，但是跳槽一定要谨慎。不论做什么，首先要热爱自己的工作，全身心投入，不要好高骛远，不要苛求太多，更不要急功近利。要脚踏实地从零开始，一点点进步。刚开始肯定会有一定的困难，也可能很累，但只要坚持、努力，就会渡过难关。

二

张朝阳 1996 年创建了爱特信公司，1998 年爱特信正式推出“搜狐”产品，同时更名为“搜狐公司”，于 2000 年在美国纳斯达克成功上市。搜狐公司成为中国当时最领先的新媒体、电子商务、通信及移动增值服务公司，是 20 世纪初世界最知名的互联网品牌之一。

作为企业家，张朝阳每天面临来自各方面的压力，但他并不惧怕压力，反而成功地应对了压力，他管理压力的经验给我们提供了很多有益的借鉴。

张朝阳非常关心自己的健康问题。“如果从现在开始要吃健康的食品，过健康的生活，也许活 80 岁还来得及。”他认为只有身体好，一切才有可能。他还曾说过：“人不能太执着，一旦执着就会将执着无限放大，使它成为自己心中挥之不去的阴影，人的烦恼和不快乐由此而来。从健康、长寿的角度按照自己的方式来活，让自己比较 comfortable（舒适），比较从容、自由，比较健康、清爽，活在当下，让每天都是快乐的，这种活法才符合现代的潮流。”

在创立搜狐公司时，张朝阳认为人们压力的来源是因为没有房子、汽车和优质的生活。当他走上成功之路并获得这些后，他发现自己并不快乐，他依然抑郁烦躁。经过一段时间的思考，他发现对人性关怀的哲学思想可以让他从压力的桎梏中解脱出来。于是有了舒缓压力的精神食粮。

张朝阳还是一个登山爱好者，只要一有空，他就会通过登山等活动来享受生活，释放压力。2002 年，他被时任万科集团董事长的王石拉进了业余登山队。2003 年 5 月 22 日下午，张朝阳所在的登山队有 12 个人成功登上了海拔 8 848 米的珠穆朗玛峰，而张朝阳爬到 6 666 米时便撤了下来。他的解释是："6 666 米是我的目标，我登山训练的时间比较短，体能不足以支撑自己登顶，虽然登山是项快乐的运动，但我没有必要为了达到力所不能及的目标，而把快乐的运动变成一种巨大的危险。"

学习解压的方法很重要，下面提供几个舒缓压力的要诀：

1. 深呼吸

当自己觉得有压力时，先做几个深呼吸，让自己稍微平静一下。

2. 暂时离开

有时短暂地离开压力情境，事情反而更容易处理。

3. 笑一笑

不管目前如何，都让自己笑一笑，不管是假笑、苦笑都好，让自己看看微笑的自己。

4. 动一动

让自己活动一下，身心是一体的，让身体借由运动放松，心理也会有同样的效果。如果能让自己养成运动的习惯，自己的身体健康及抗压指数，都会有大幅提升。

5. 一次一件事

有压力，常常是因为自己同时面对很多事情，因而才会困扰其中。此时，让自己一次只想一件事，一次只处理一件事。

6. 整理一下再出发

让自己整理一下再出发。有时事情无法处理，常常是因为自己慌了，让自己静一静，想一想究竟发生了什么事，过程中有哪些方法会是有帮助的。

训练活动

活动一：根据上述案例，请你思考张朝阳采取了哪些措施来应对压力，有哪些经验可以借鉴。

活动二：团队抗压能力训练——当网络中断时。

概述

35～50 分钟。

将团队分成 3～4 人小组，每个小组用 12 分钟的时间根据给出的情境制订应急预案，最后向整个团队阐述方案。要求方案必须包含方案制订小组希望团队成员接受的所有行动、行为和态度。

情境

早上，整个团队都在工作，都在完成一个大型项目。在紧张和忙碌的工作中，网络断了，计算机或手机都不能联网或接收邮件了，而且得到的消息是晚上才能联网。行政部门规定谁都不能离开工作岗位，必须待到正常的下班时间，这意味着还有 6 小时的工作时间。

本章总结

压力，每天都围绕在生活中，有积极或消极的，有过度或轻度的，需要合理的正视和排解。

压力超出了心理承受能力，就会导致心理失衡，引起抑郁、焦虑等心理问题。

掌握压力管理策略，能达到自我放松的目的，提升工作技能和业绩，改善人际关系，发挥团队协作能力。

学会舒缓压力的要诀，妥善处理自己的负面情绪，能化压力为动力。

思考练习

1. 通过本章的学习，我们知道缓解压力有很多方法，请列举其他有效的解压方法。

2. 作为一名在校学生，你希望学校给予什么样的帮助以释放你的压力？

3. 针对下述资料，试分析：他们“快乐的钥匙”在哪里？不快乐的根源是什么？

资料

每人心中都有把“快乐的钥匙”，但我们却常在不知不觉中把它交给别人掌管。

一位女士抱怨道：“我活得很不快乐，因为先生常出差不在家。”

一位妈妈说：“我的孩子不听话，让我很生气！”

婆婆说：“我的媳妇不孝顺，我真命苦！”

一位员工说：“我很难过，因为老板总找我碴儿。”

第八章

学会团队合作

学习目标

通过本章的学习和训练，你将能够：

- 熟知团队的定义、要素和特点。
- 知道团队合作的重要性。
- 掌握团队建设技能。
- 了解企业管理中的团队建设。

案例导入

赵某最近被公司任命为项目经理，负责一个“重要但不紧急”的项目的实施。公司项目管理部为其配备了5位项目成员。这些项目成员均来自不同的部门，大家都不太熟悉。赵某召集大家开项目启动大会时，说了很多谦虚的话，也请大家一起为做好项目出主意，一起来承担责任。会议开得比较沉闷。

项目开始以后，项目组成员只要一发现问题，就去找项目经理讨教，请赵某出主意。赵某为了树立自己的权威，表现自己的能力，也总是身体力行，甚至很多细节上的技术问题，他也都有问必答，甚至有时候与程序员打成一片，就软件程序的编写进行交流和协商。其实，有些问题项目成员之间就可以互相帮助，但是他们怕自己的弱点被别人发现，作为以后攻击的借口，所以，互相之间不沟通，而是只要发现问题，就找项目经理。其实，赵某的做法有时候也不全对，但是成员发现了也不吭声，因为他们认为：我是按照你项目经理所说的方法来做的，有问题由你项目经理负责。

这样一来，团队成员之间表面上一团和气，看似没有任何团队冲突，赵某自己也感觉很好。在项目组内部，“你还有问题，找经理去”“我们听赵经理的”已经成了该项目团队的口头禅。

但是，随着时间的推移，这个貌似祥和团结的团队在进度上出现了问题。项目性质调整时，该项目也由“重要但不紧急的项目”变成了“重要且紧急的项目”。公司总经理觉得，有必要找赵某谈谈。

案例讨论

1. 赵某带领的项目团队遇到了什么问题，使得总经理要找他谈话？
2. 如何发挥团队的最大能量？
3. 团队成员间该如何协作？

一个项目的成功离不开一个好的团队，团队的建设和管理在项目的实施过程中起着非常重要的作用。以团队成员为本，从团队成员的角度去思考问题，可以很快增强团队凝聚力和团队的效率。团队分裂和骨干流失是项目的一个重大风险，所以建设一个健壮、高能力的团队是十分重要的，它更是一个项目顺利实施的重要支持与保证。

第一节　团队的定义

【任务】　准备一张 A4 纸，写出你所理解的团队定义、带领团队的方法。
【目的】　理解团队合作的重要性，体会团队合作的力量。
【要求】　书写过程中可以查阅资料、用手机检索。

故事案例

狼性精神

任正非在华为一直推崇“狼性精神”。他曾说过，做企业就是要发展一批狼，因为狼有三大特性：一是敏锐的嗅觉，二是不屈不挠、奋不顾身的进攻精神，三是群体奋斗的意识。

2018 年，任正非在接受记者采访时被问到华为的“狼性文化”。任正非表示：“‘狼性文化’是外部编排讽刺我们的，我们自己没有说过，其来源是我根据生物特性和团队奋斗精神结合起来说的。华为不逼迫员工加班，没有‘996’的说法，更没有‘007’。基层的员工想多加一点班也不行，超过时间是没有加班费的。”

那么，任正非为什么要倡导“狼性精神”，打造“狼性团队”？回答这个问题，我们还得从狼的三大特性说起。

第一，狼的最大特点是嗅觉敏感，闻到哪里有肉，它们就都会跑过去捕食猎物。用任正非的话说，就是要求华为员工要有敏锐的市场意识，知道客户的需求在哪儿，能知道十年、二十年后科学技术的方向在哪儿，并快速做出反应。

第二，狼不是单独出击，而是群体作战，具有团队精神。任正非认为，企业的团队精神很重要，不要总是一个人孤军奋斗，要团队协作，这个世界单打独斗是不会成功的。

第三，狼有不屈不挠的群体奋斗意识，一旦确立目标，拼死拼活也要做成这件事。任正非是希望华为团队要向狼学习，不畏艰难开拓市场。敢抢敢拼的华为员工就是凭借着这股精神，不断地冲进市场去攻城略地，甚至在客户的办公室门口等待五个小时只为换取五分钟的见面机会。

狼性通常被认为是一种团队精神，主要强调创新精神和顽强的拼搏精神，是一种主动奉行自然界优胜劣汰规则、优化集体的危机意识，从而能在有限或不利的环境和资源条件下具备求生存和求发展的手段。任正非倡导的“狼性精神”，包含了三种精神：敏感性，团队性，不屈不挠性。任正非讲这个故事的目的是激发华为人不屈不挠的群体奋斗精神，打造“狼性团队”。华为用“狼性精神”换来了一个又一个新的订单。他们跑马圈地，虎口夺食，不停地向前奔跑，只为一个梦想，那就是：十年之后，世界通信行业三分天下，华为占其一。

有人最终这样给出团队的定义：团队就是为了实现某一目标而由相互协作的个体组成的群体。它是一个由少数成员组成的小组，小组成员有着共同的目标，具备相辅相成的技术或技能，有共同的评估和做事的方法，他们共同承担最终的结果和责任。

管理学家罗宾斯（Stephen P. Robbins）认为：团队就是由两个或者两个以上的相互作用、相互依赖的个体，为了特定目标而按照一定规则结合在一起的组织。

训练活动

活动一：现在的企业大致可分为几种团队。一种是螃蟹团队，当集体被困在竹篓里，如果有一只螃蟹想爬上去，下面或身边的其他螃蟹就拼命拉住，结果谁也上不去，全部坐以待毙；第二种是野牛团队，第一头牛的方向正确了，跟着的牛也就正确了，如果第一头牛的方向错了，整个牛群就都错了；还有一种是大雁团队，随时调整队形，任何一只大雁都可以根据天气状况和自身能力被推荐为领头雁。

请对上述故事进行点评，重点评价大雁团队的工作方法。

活动二：全员破冰，做“抓逃手指”游戏。

1. 请每个人将右手掌心向下，左手食指垂直向上，相邻者左右手连为一线。

2. 请在听到关键词后快速“抓”和“逃”。当听到老师接下来讲述的一段故事中出现“乌龟”时，迅速用右手抓握右边同学的食指，同时将自己顶在相邻左边同学掌心的食指逃脱。

3. 邀请所有人按以上规则做好准备。

“抓逃手指”游戏讲述的故事如下。

乌鸦和乌龟

森林里有一间小小的城堡，里面住着可怕的巫婆和她的仆人乌鸦。突然有一天，天上慢慢飘来一片片乌云，转眼间就乌黑乌黑的，什么也看不见，不一会儿就下起了大雨。在狂风暴雨中，巫婆听到有人在敲门，开门一看，原来是一只乌龟，还有一只乌贼。它们要求巫婆让它们进屋。巫婆同意了，可是乌鸦不同意，它和乌龟是多年的宿敌。雨越下越大，大家也越吵越凶，乌贼指着乌云对巫婆说：“雨这么大，乌鸦却不让我们进去，我和乌龟都会生病的，再不开门，我一定会让你的城堡变得乌烟瘴气。”最后，巫婆还是没有给他们开门。没多久，雨停了，太阳出来了，乌云也散了，巫婆和乌鸦这才打开门，看见乌龟已经冻得缩成一团。

游戏点评

（1）专注地听别人说话才能听得清楚，行动才能果断、敏捷。

（2）过分担心失败反而更容易做错。

（3）做出反应时很容易受旁边同学的影响，所以做判断时保持独立清醒的头脑也是重要的。

第二节　团队的组建

【任务】　站在团队成员的角度看问题。

【目的】　学会组建团队，建立团队意识，提升集体荣誉感。

【要求】　了解团队的内涵，掌握正确的项目团队组建方法。

故事案例

有个人到国外旅游，早餐时坐在饭店的窗边，看到街上有两个穿着工人服装的人在挖洞，前面一位刚在地上挖个小洞，后面的人接着就把泥土回填进去。他观察了很久，越看越奇怪，实在想不透这两个人在干什么。于是走出饭店，亲自向他们询问：“请问你们在干什么?”

对方回答说：“我们在种树苗。”

游客东看看、西看看，别说是树苗，连种子也没看到，于是问："树苗在哪儿?"

对方一人回答说："是这样的，我们三个人一组，我负责挖洞，他负责填土，那个负责拿树苗的人今天请假。"

这虽是一则笑话，却说明，只知道分工，不知道共同的目标，不知道彼此的责任，不知道分工合作与团队的意义，有团队也等于没团队，即使分工也等于没分工，平白浪费资源与薪金。

一、什么是团队组建

团队组建是指聚集具有不同需要、背景和专业的个人，把他们变成一个整体、有效的工作单元的过程。

二、团队的组成要素

团队的组成要素有目标（purpose）、人（people）、定位（place）、权限（power）和计划（plan）。

（一）目标（purpose）

团队应该有一个既定的目标为团队成员导航，使成员知道要向何处去，若没有目标，这个团队就没有存在的价值。

（二）人（people）

人是构成团队最核心的力量，2 个（包含 2 个）以上的人就可以构成团队。目标是通过人员来具体实现的，所以人员的选择是团队中非常重要的一个部分。在一个团队中可能需要有人出主意，有人制订计划，有人实施，有人协调不同的人一起去工作，还有人去监督团队工作的进展、评价团队最终的贡献。不同的人通过分工来共同完成团队的目标，在人员选择方面要考虑人员的能力如何、技能是否互补、经验如何。

（三）定位（place）

团队的定位包含两层意思：一是团队的定位，团队在企业中处于什么位置，由谁选择和决定团队的成员，团队最终应对谁负责，团队采取什么方式激励下属；二是个体的定位，作为成员在团队中扮演什么角色，是制订计划还是具体实施或评估。

（四）权限（power）

团队当中领导者的权限大小跟团队的发展阶段有关。一般来说，团队越成熟领导者所拥有的权限就越小，在团队发展的初期阶段领导权是相对比较集中的。影响团队权限的两个方面：整个团队在组织中拥有什么样的决定权，如财务决定权、人事决定权、信息决定权等；组织的基本特征，如组织的规模、团队的数量、组织对团队的授权、业务类型等。

（五）计划（plan）

计划有两个层面的含义：一是目标最终的实现，这需要一系列具体的行动方案，可以把计划理解成目标的具体工作程序；二是按计划进行可以保证团队的任务进度，只有在有计划性的操作下，团队才会一步步地接近目标，从而最终实现目标。

三、团队的组建过程

团队的组建包括以下四个阶段。

（一）准备工作

本阶段首要任务是决定团队是否为完成任务所必需，这要看任务的性质。应当明白，有些任务由个体独自完成效率可能更高。此外，本阶段还要明确团队的目标与职权。

（二）创造条件

本阶段组织管理者应保证为团队提供完成任务所需要的各种资源，如物资资源、人力资源、财务资源等。如果没有足够的相关资源，团队不可能成功。

（三）形成团队

本阶段的任务是让团队开始运作。此时，须做三件事：管理者确立谁是团队成员、谁不是团队成员；让成员接受团队的使命与目标；管理者公开宣布团队的职责与权利。

（四）提供持续支持

团队开始运行后，尽管可以自我管理、自我指导，但也离不开上级领导者的大力支持，以帮助团队克服困难、战胜危机、消除障碍。

四、团队组建中的常见问题

1. 团队出现内耗，能力抵消，造成“1 +1 < 2”

如果团队成员在价值观上不能彼此认同，就会使整体功能小于部分功能之和，甚至小于单个部分的功能，如图 8-1 所示。

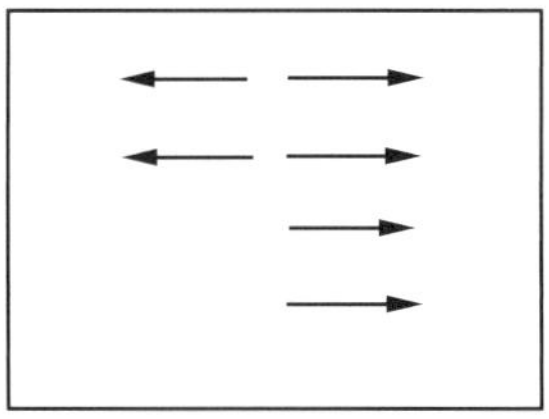

图 8-1　团队整合不好造成“4 + 2 = 2”

2. 团队出现价值观差异，难以形成合力

价值观的差异容易导致人与人之间难以沟通，出现能力配置不良的情况，每个人都有发展，但发展的方向不一致，不能出现合力，如图 8-2 所示。

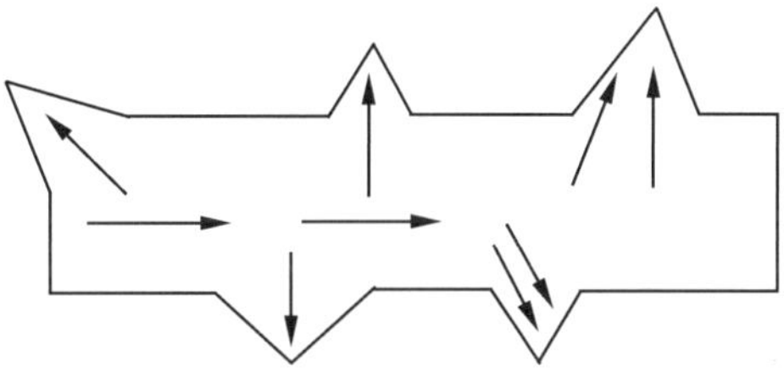

图 8-2　团队目标未获一致

3. 团队的运作受到外部干扰——被挖“墙脚”，使团队建设受到影响

当团队遇到困难，无法整合起优势力量攻克难关之时，其他团队有可能“乘人之危”挖“墙脚”，这在市场上属于正常现象，但对被挖“墙脚”的团队而言，就会更加陷入困境，如图 8-3 所示。

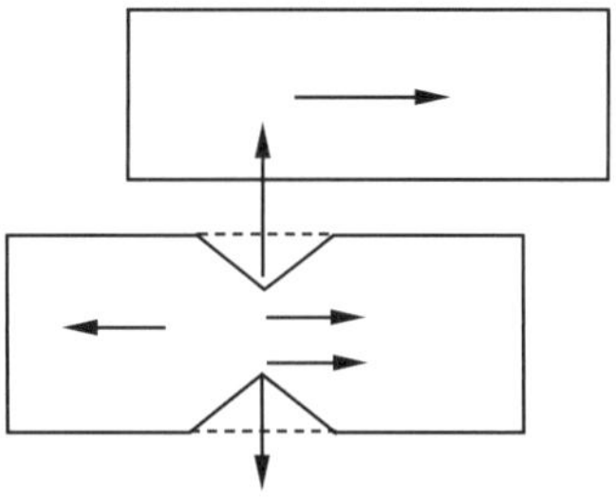

图 8-3　团队被挖“墙脚”

4. 团队缺少一个有威望的领导者，出现群龙无首的状态

在有些情况下，虽然团队成员目标一致，但若缺少一个有威望的团队领导者的指挥，团队成员也会陷入盲目状态，如图 8-4 所示。

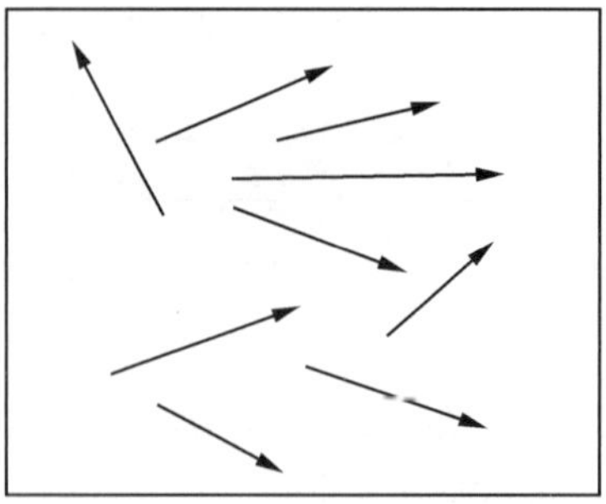

图 8-4　团队缺少强有力的领导者

5. 优秀团队的创建图

一个优秀人才团队的创建，需要经过如图 8-5 所示的一系列过程。

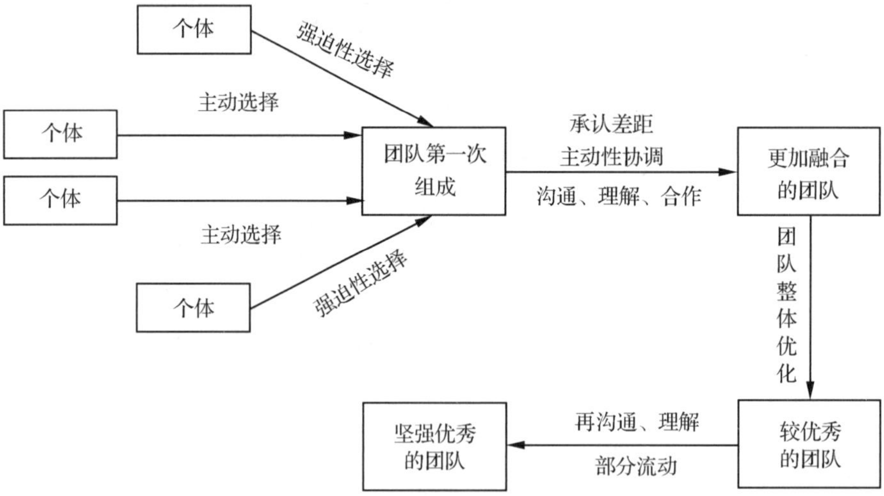

图 8-5　优秀团队的创建过程

训练活动

活动一：团队组建及诞生。根据学生人数，竞选出组长（组长由学生投票选举产生），下一步成立团队，每组人数 5 ~ 6 人。团队成立后，要求各组完成团队建设：团队成员共同确定队名、队呼、队标、队歌并制作队旗。然后各组用自己的方式简短地开展团队成立欢庆仪式，以比赛的形式表演队呼及队歌。

活动二：给定一篇长文稿，要求小组分工协作，每人用修订方式修改一个段落，最后由组长通过 Word 软件序中的“比较并合并文档”功能进行整合，生成目录，形成一个规范完整的文档。

第三节 团队合作的要求

【任务】 请在一张 A4 纸上书写，罗列团队中的角色及分工。

【目的】 掌握团队中的角色分配，学会相关领导技巧。

【要求】 罗列团队中的几种角色；收集几种著名的领导理论，说说你更认同哪一种。

故事案例

以前听过一个故事。三个皮匠结伴而行，途中遇雨，便走进一间破庙。恰巧破庙也有三个和尚，他们看见这三个皮匠，气不打一处来，质问道："凭什么说'三个臭皮匠胜过诸葛亮'？凭什么说'三个和尚没水喝'？要修改辞典，把谬传千古的偏见颠倒过来！"

尽管皮匠们谦让有加，和尚们却非要"讨回公道"不可，官司一直打到佛祖那里。

佛祖一言不发，把他们分别锁进两间神奇的房子里——房子宽绰舒适，生活用品一应俱全；内有一口装满食物的大锅，每人只发一只长柄的勺子。

三天后，佛祖把三个和尚放出来，只见他们饿得要命，皮包骨头，有气无力。佛祖奇怪地问："大锅里有饭有菜，你们为啥不吃东西？"和尚们哭丧着脸说："我们每个人手里拿的勺子，柄太长送不到嘴里，大家都吃不着啊！"佛祖嗟叹着，又把三个皮匠放出来。只见他们精神焕发，红光满面，乐呵呵地说："感谢佛祖，让我们尝到了世上最美味的东西！"和尚们不解地问："你们是怎样吃到食物的？"皮匠们异口同声地回答说："我们是互相喂着吃的！"

佛祖感慨万千地说："可见狭隘自私，必然导致愚蠢无能；只有团结互助，才能产生聪明才智啊！"和尚们羞愧满面，窘得一句话也说不出来。

一个团队要实现内部成员间的良好合作，需要具备很多条件；不具备这些条件，便不能算是一个真正的团队，或者成员间的合作就会出问题。那么，团队合作有哪些要求呢？

一、团队成员要具有共同的目标和愿望

自然界中有一种昆虫很喜欢吃三叶草（也叫鸡公叶），这种昆虫在吃食物的时候都

是成群结队的，第一个趴在第二个的身上，第二个趴在第三个的身上，由一只昆虫带队去寻找食物，这些昆虫连接起来就像一节一节的火车车厢。管理学家做了一个实验，把这些像火车车厢一样的昆虫连在一起，组成一个圆圈，然后在圆圈中放了它们喜欢吃的三叶草，结果它们爬得精疲力竭也吃不到这些草。

这个例子说明，在团队失去目标后，团队成员就不知道该往何处去了，最后的结果可能是饿死，那么这个团队存在的价值就要打折扣。团队的目标必须跟组织的目标一致。此外，还可以把大目标分成小目标具体分到各个团队成员身上，大家合力实现这个共同的目标。同时，目标还应该有效地向大众传播，让团队内外的成员都知道这些目标，有时甚至可以把目标贴在团队成员的办公桌上、会议室里，以此激励所有的人为这个目标去工作。

思考 你的身边是否有团队没有目标或者目标不一致的情况？请举例。

二、团队成员要有良好的沟通和开放的交流

有人说："沟通就是，我说的便是我所想的，怎么想便怎么说，如果团队同伴不喜欢，也没办法！"从目的上讲，沟通是共同磋商的意思，即团队成员们必须交换想法并适应互相的思维模式，直到每个人都能对所讨论的问题有一个共同的认识。说简单点，就是让他人懂得自己的本意，同时自己明白他人的意思。我们认为，只有达成了共识，才可以认为沟通是有效的。团队中，团队成员越多样化，就越会有差异，也就越需要团队成员进行有效的沟通。

思考 团队成员间的沟通和交流需要注意哪些问题？

三、团队成员需要相互信任和相互尊重

信任是合作的开始，也是团队的基石。团队成员之间彼此的信任程度、关系的紧密程度是影响工作绩效的一个关键因素。要想取得一个人的信任，就必须要加倍努力。一个真正融为一体的团队，成员相互之间的信任早已融在了一起。能否做到互相信任，很大程度上取决于个人，取决于每个团队成员有没有主动去信任、接纳身边的人。

思考 你所在的团队是否具备以下条件？

（1）团队成员相互支持。

（2）工作有相关性。

（3）对工作忠诚，即使工作没有按自己的愿望进行。

（4）彼此之间相互尊重。

四、团队成员可按专长做某一方面的领导

群体成员的技能可能是不同的，也可能是相同的，而团队成员的技能是相互补充的；因此，可以把不同知识、技能和经验的人综合在一起，形成角色互补，从而达到整个团队的有效组合。

团队中有各种不同类型的人，如活力型、开拓型、保守型、外向型、内向型等。而每个人又有各自独特的，甚至他人无法代替的优势和长处，当然每个人也都有弱点和短处。将每个人的优势和长处，依据工作实际需要合理地搭配起来，优势互补，构成有机的整体，大家团结一致、齐心协力，就能发挥最佳的整体组合效应。

思考 你所在的团队成员各有什么特点和特长？在项目开展过程中，他们的优势是否得到了发挥并得到其他成员的认可？

五、团队要有高效的工作程序

在一级方程式赛车比赛中，赛车在比赛过程中都需要有几次加油和换轮胎的过程。要知道，在紧张刺激的赛车比赛中，每部车都是要分秒必争的，因此，赛车每次加油和换胎都需要勤务人员的团结协作。一般地，赛车的勤务人员有22个人，其中，有3个人是负责加油的，其余的人都是负责换胎的，有的人拧螺扣，有的人压千斤顶，有的人抬轮胎……这是一个最体现协作精神的工作，加油和换胎的总过程通常在6~12秒之间，这个速度在日常情况下，再熟练的维修工人也是无法达到的，因为如此快的过程，不仅有分工的原因，更是多人协作的结果。

思考 如何建立团队高效的工作程序？

六、团队内部成员要求同存异

团队精神的核心思想是求同存异。

团队中的每个人各有长处和不足，关键是成员之间以怎样的态度去看待。能够在平常之中发现他人的美，而不是挑别人的毛病，培养自己求同存异的观念，对培养团队精神尤其重要。

同时，尽管团队成员存在不同的观点，但为了追求团队的共同目标，各个成员要求同存异并对团队目标达成一致性理解。对于团队工作中出现的不同意见或者观点，团队需要拿出来讨论，形成最有利于团队目标的共同意见。

思考 你是如何处理身边的不同意见的？

训练活动

活动一：报数，也叫“负责任的传递”。

报数，一个看似简单的游戏，却包含着诸多的责任，从一个简单的游戏就可以看出我们平时的工作学习与生活中的领导作用、压力和责任。

“负责任的传递”游戏流程：

1. 学生全部站在老师的面前。

2. 比赛：请所有学生按自己的方式分成AB两组。要求AB两组的人数完全相同。可挑选学生助理参加。

3. AB两组各站一边。

4. AB两组各诞生一男一女两位队长。注意：一定要是自愿的，不能推选。

5. 让4位队长承诺：愿意为自己的团队负起责任，无论在怎样的情况下都无怨无悔。多问几次，是不是下定决心了。

6. 宣布比赛规则：绝对服从裁判。

7. 比赛内容：报数，输的一组，第一次队长做俯卧撑10次，第二次20次，第三次40次，第四次80次。

说明

判定输赢的标准为两条：整队人报完数的时间，可以按照哪组最短为赢；哪队有错误直接判定为输。

游戏要点

1. 全程要求：高效有序。

2. 给5分钟时间各队自行训练（队长不参加报数）。

3. 比赛时叫4位队长面向讲台，使其看不见讲台情况。

4. 进行第一次比赛，比赛中如有报错的情况，直接判输。队长回到队伍面前，面向对手这一队弯腰说“愿赌服输，恭喜你们”，赢的一组大笑。

5. 三轮比赛，第一轮给4分钟训练时间，再比赛；第二轮给3分钟训练时间，再比赛；第三轮给2分钟时间训练，再比赛。

注：做俯卧撑的队长累了后，只能趴在地上休息，不能站起来，也不能坐起来，脸朝地面。

6. 当有队长在做80或160个俯卧撑，累得爬不起来的时候，让全部队员围着这两名做俯卧撑的队长，配上音乐，开始引导其思考。

7. 引导完后，让队员用自己的方式感谢队长。

8. 小组分享，学生上台分享。

注意点

1. 当队长做得较慢或起不来时，队员非常大声地说“做领导呀，这就是做领导，怎么了，后悔了吧”“这就是领导的责任”，不断地这样说。

2. 活动中有队员受不了，要一起做或帮队长做，只说一条：任何人犯规，队长多加 30 个。

活动二：通过创建团队核心价值观和行为来强化团队认同感。

要求

1. 团队成员单独、安静地填写“创建团队价值观”材料。

2. 每个团队经过成员分享，提炼出一个价值观。

3. 整个团队一起讨论选出团队的核心价值观，并至少确认支持价值观的两种行为，从而使这一定义具体化。一定要确保这些行为能够体现在团队成员间的日常行为中。

第四节　项目管理中的团队建设

【任务】 观看“职场人的一天”情景短片，分享你所看到的内容。

【目的】 明确项目管理中各成员的角色分工。

【要求】 要说出每个人物的工作内容和人物特点。

故事案例

一公司项目团队因为圆满完成任务而获得一笔奖金，这时团队成员围绕着如何使用奖金发生了一些争议：有人主张把奖金发放给全体成员，也有人主张留下来用于团队的继续发展和提高。这就出现了两者的争议。项目经理希望储备这笔奖金，因为他觉得日常的工作使大家很少有时间运动，很多同事体质明显没有以前那么好，所以为了大家的健康考虑，他提议用这笔经费办理一些健身会员卡，每月组织所有团队成员参加一些健身活动。但对于团队成员来说，这是除每个月固定工资外的额外收入，很多人希望能自己保管这笔钱，用它来做一些自己喜欢的事情。

在以上这两种情况中，所有人的意图都很好，但如果都坚持各自的观点，冲突就不可避免。学会了解团队中的其他成员的想法，这是一切感情存在的基础，了解对方的好恶可以增进感情。

一、挑选优秀的项目经理

一个合格的项目经理应该具备哪些素质呢?

首先，要懂管理。管理是一门重要的学问。管理者不仅要懂得管理这门学科，还要熟悉自己直接下属所从事的工作。

其次，一个合格的项目经理还要头脑灵活，思维敏捷，知识面宽广，考虑问题比较全面。现在各行各业技术发展非常快，常常是一眨眼的工夫，一项新技术就出来了。多运用一项成熟的新技术就意味着节约大量的人力、物力。

再次，项目经理必须技术精湛，足以服众。项目经理面对的是最直接的技术问题。当项目遇到困难时，需要项目经理能正确而迅速地做出决定，能充分利用各种渠道和方法来解决问题。

从次，项目经理还要能跟踪任务，有很好的时间观念，不能干什么事，都要说这个项目需顺延时间。若是竞争对手先把同类的产品开发出来，市场份额也就被人抢得差不多了，产品也过了最高利润点。

最后，项目经理还应该善于协调，并且具有良好的沟通技巧。

二、项目人力资源管理

一个开发团队，少至两人，多则几十人甚至几百人。除了项目经理外，可能还有系统分析员、程序员、数据库管理人员、文档开发人员、测试人员等。项目管理中的人力资源管理，主要包括对团队所有成员的监督、培植和激励。

1. 监督

主要根据预先制定的日程安排和进度表，核对所有成员的开发进度。如果项目大，参与人员众多，进度则制订得详细些；反之，进度制订出大致内容就可以了。

2. 培植

项目经理带领自己的团队做项目，要教团队成员新的知识，或者帮助他们学习新知识。要是成员什么也学不到，甚至连学的机会也没有，他们是不可能长久地跟着这个项目经理的。除非是那种碌碌无为没有什么抱负的人。

3. 激励

以前流行的观点认为，工作成果主要取决于更高的工资、更多的监督，以及更吸引人的工作环境。实际上，人们工作的主要激励因素来自个人成绩表现以及由此获得的认可度。大胆提拔或向上级主管推荐可造之才，是项目经理的一个重要责任。

三、团队沟通

一个项目需要进行大量的沟通协调。通常有口头沟通、会议沟通、电话沟通、邮件沟通、文档沟通这几种形式。

适当的、有规律的会议是团队成员彼此之间沟通的最好途径，成员在发表自己的见解和聆听别人的观点的时候，就达成了一种思想上的交流。如果能选定一个共同关心的主题，或者共同困惑的问题展开讨论，对各自的提高一定会起很大的作用。

文档沟通在项目管理中作用很大，先不细说它在整个项目需求分析、开发和后续完善过程当中起到的巨大作用，即使将写文档作为团队成员相互交流的方式，那也是很好的方式。

四、团队冲突管理

团队工作不同于一般工作的地方在于它是一个管理矛盾的过程。与一团糟的团队相比，优秀的团队中并不见得冲突更少。我们要了解团队冲突在团队中的作用，理顺团队中的人际关系，处理好团队冲突，我们的团队才能增加凝聚力。有的人在看别人时，第一眼就不太喜欢，以致对他很多的观点也不赞成，甚至讨厌他的一言一行，如果两人一起共事，冲突就在所难免。此外，还有个人价值观和个人特性的差异，价值观方面的差异对冲突的影响非常大，两人本没有矛盾，但就是个人价值观不同而导致冲突。专制、缺乏自尊的人，也是冲突潜在的原因。

训练活动

活动一：针对下面提问，模拟面试过程（主题：团队合作，处理冲突）。

面试官：如果你已经成了我公司的一名主管，由你负责管理一个项目。项目的团队中一共有六人，在一次会议上，由于观点不同，产生了对立的两方，进行了激烈的争论，这时，你作为领导者该如何协调？如果两方面不能达成共识，你又会怎么办？

求职者：……

活动二：团队课程中建立信任——“风中劲草”游戏。

1. 教师宣布：现在我们要做一个“风中劲草”的游戏。这个游戏要求每位学生都要做一次“草”。现在我来说明规则并做一个“草”的示范。

规则：

① 学生围成一个向心圆，“草”（教师）则站在圆中央。

②“草”要双手抱在胸前，并拢双腿，闭上眼睛，身体绷直倒下去。倒的整个过程

中不能移动脚或双腿分开。就像一个“不倒翁”的样子。倒下之前，“草”要问：“我要倒下去了，你们准备好了没有?”当全体团队成员回答“准备好了”时，“草”可以选择任何方向倒下去。“草”倒向哪个方向，站在那个方向的团队成员就要在“草”即将要倒在自己身上时，伸出双手把“草”轻轻推向另一个任意方向，注意用力不要太猛。

2. 教师在做完示范之后，让小组的成员开始做此游戏。每个人都要做一次“草”。

总结：完全信任所有人，并且内心不会感到恐惧时，就会倒下去。如果有证据表明其实倒下去是安全的，比如先尝试的人没有受伤，那就会克服恐惧，愿意自己也试一试。

在游戏中最难的地方是哪里，下次你会怎样改进?

可能答案：倒下去，因为恐惧。(教师分析：实际上越是不敢笔直地倒下去，越是给接的人造成困难，下次应该更笔直……)

在游戏中，你感觉团队的合作精神怎样，是否有信任感?

引导方向：接的人可以尽量用各种方式让中间倒着的“草”感到安全。比如，用语言给中央的“草”一些鼓励，同时不要嘻嘻哈哈或交谈等，这样会增加信任感，中间的“草”则会更有信心地倒下去。

本章总结

大多数组织的成功，管理者的贡献平均不超过两成，任何组织和企业的成功，都是靠团队而不是靠个人。

团队的组成要素有目标（purpose）、人（people）、定位（place）、权限（power）和计划（plan）。

团队合作要求成员间有共同的目标、良好的沟通、相互的信任、高效的工作程序、求同存异等要求。

项目管理中的团队建设需要挑选合适的项目经理，采取合理的人事资源管理方式，采用多种沟通方式，正确对待团队冲突，等等。

思考练习

1. 在团队执行过程中，你与团队的意见是否相同？如果有相左的地方，你们是如何解决的？彼此应该怎样交流?

2. 游戏：传话。

这个活动需要30人参加。将活动者分为3个小队，每个小队10人。每个小队呈纵队排列，人与人的前后距离在30厘米以内。

事先虚拟一个通知，内容包括人物、时间、地点、原因、做法等要素。参考内容如下：

3月23日晚，到机场接上海到深圳的客人张某，航班为DH9313，起飞时间为北京时间下午4点。

在所有人事前不知道通知内容的前提下，将通知的书面资料交给每个纵队的第一个人。

默读一分钟后，收回资料。三个队同时开始，逐个向后面的人口头转达通知的内容。最后，要求排在最后的那个人写出通知的内容。